Otavalo
Quito
EKUADOR
Misahualli
Guayaquil
Manaus
Belem
BRASILIEN
Recife
PERU
Lima
Cuzco
Salvador
Brasilia
Titicacasee
Arequipa
Belo Horizonte
Vitoria
PARAGUAY
São Paulo
Rio de Janeiro
Antofagasta
Asunción
CHILE
San Ignacio
ARGENTINIEN
URUGUAY
Santiago
Montevideo
Buenos Aires
Valdivia
Bariloche
Halbinsel Valdes
Puero Montt
El Bolson

Melzer — Die Traumstraße mit dem Wohnmobil

Dietmar H. Melzer

Die Traumstraße mit dem Wohnmobil

Eine abenteuerliche Reise durch Nord- und Südamerika

Fotos: Inge Melzer

1. Auflage 1983
Dietmar Melzer Verlag — Friedrichshafen (Bodensee)
Druck: Siegl-Druck GmbH — Friedrichshafen (Bodensee)
ISBN 3-924026-00-9
Printed in Germany

Inhaltsverzeichnis

Eine Idee der Europäer	7
Mit dem Frachter über den Atlantik	11
Im Urwald liegen keine Plastiktüten	17
Der Elch auf der Transkanada	24
Freiheit, Gold und Dawson City	33
Dort, wo das Fischweibchen laicht	41
Es gibt noch Benzin in Kalifornien	45
Jedermanns Lieblingsstadt	50
In der Nacht trommeln die Navajos	54
Eine Jeans für den Gott des Windes	59
Der Maya taucht mit der Harpune	66
Warum Paco seinem Präsidenten den Tod wünscht	73
Mittelamerika: Schrauben oder doch Patronen?	81
Ein bürokratisches Abenteuer in Guayaquil	88
Äquatorsonne	96
Die vornehmen Indianer von Ekuador	103
Schreckliche Schreie in der grünen Hölle	110
Südamerikanische Walzer sind anders	119
Die geheimnisvolle Stadt am Urubamba	127
Parade der Preußen Südamerikas	135
Wer schuldig ist, bestimmt die Polizei	143
Wenn der Pfeil kein Wild mehr trifft	150
Im Palast der Morgenröte wird kein Paradies geplant	161
Rio — ist sie die Schönste?	166
Nicht nur Tango in der Pampa	172
Männer am patagonischen Feuer	179
Wo es kalt wird, wenn der Südwind weht	185
Anhang	192

Eine Idee der Europäer

Amerika!

Das Wort weckt Fernweh und läßt träumen.

Schweigender, subarktischer Urwald, ein See, ein einsames Kanu, der Métis singt ein freches Lied. Bleib am Lagerfeuer! Die Nacht ist kalt in der Prärie. Rinderherden. Wer hat behauptet, es gäbe keine Cowboys mehr? Und Orgelpfeifenkakteen, so weit du schauen kannst. In der Kneipe weint ein betrunkenes Apachenmädchen. Blutjung. Wildschön. Wenn das ihr Vater wüßte. Der Texaner schmeißt sie hinaus. Gesindel. Damned Indian. Immer noch.
Tengo hambre, gringo. Ich habe Hunger. Auf der Plaza versprühen Mariachis ein Feuerwerk aus schmetternden Trompeten und schmachtenden Geigen und schwingenden Gitarren. Nehmt mein Geld! Und spielt! Und ein Mexikaner steht vor dem Auto, barfuß, doch stolz, das verwitterte Gesicht im Schatten des Sombreros: Mein Haus ist euer Haus. Vor der Adobehütte kauern sieben Kinder.
Amerika?
Sie jagen die Mörder des Ministers. Eben gerade erschossen worden. Sie feuern auf alles, was verdächtig erscheint. Was heißt hier harmlose Touristen? Wer ist schon harmlos in Guatemala in dieser Zeit? Und Paco verflucht die Heiligen und seinen Präsidenten.
Und die alles verschlingende Fruchtbarkeit im Amazonasurwald. Diese Schreie in der Nacht! Rückt näher an die nackten, braunen Gestalten — wegen der Pumas. Die jungen Aucas haben keine Menschen verspeist. Ob die Väter...? Sie werden den Einbaum schon zurückbringen. Dann kannst du die Angst vergessen, wenn dich die glutäugige Schöne zur Marinera holt, wenn Gitarren klingen und die Bettlerin die ausgestreckte Hand vergißt.

Grauweißblau sich türmende Wolken über endloser Pampa. Geschichtslose Bretterhüttennester im Wald. Millionenstädte, die maßlos nach Fortschritt lechzen und schier daran ersticken, die schamlos den Reichtum verschwenden, mit Eleganz protzen. Und dann das Meer der Elenden im Gestank von Urin und Abfall.
Ein holpriger Weg führt über fünftausend Meter Höhe in die ernste Landschaft der Puna, zwischen die Andenriesen, wo die Flöte zart wie der Mondschein klingt. Ein Ketschualied aus einer Zeit, als man hier aus Gold noch nicht Barren machte, sondern Frauen nachformte, die man liebte. Die Inkas kannten kein Geld und keine Bettler.

Wie ist der Mensch nur nach Amerika gekommen, fragten sich die Europäer, als sie die Geschichten der Entdecker hörten. Für die Barockzeit ist es eine schwierige Frage gewesen, denn in der Bibel stand nichts von einer doppelten Schöpfung. Und als die Europäer von prachtvollen Städten erfuhren, von Kaiserreichen mit Bauern und Beamten, fragten sie sich, wie die Zivilisation nach Amerika gekommen ist. Seither möchten Fantasten beweisen, daß Schiffe Alexanders des Großen oder die verlorenen Stämme Israels, oder die Phönizier die Fackel der Zivilisation nach Amerika gebracht hätten.
Doch die Indianer haben ihre Pyramiden ohne Entwicklungshilfe aus dem Morgenland gebaut und das „sozialistische Reich der Inkas" lange vor Karl Marx errichtet. Ohne die Europäer wären die Indianer einen eigenen Weg in die Zivilisation gegangen.
Dennoch ist Amerika eine Idee der Europäer. Es kann nicht in Guaraní oder in Ketschua gedacht werden, sondern in Englisch, Spanisch, Portugiesisch oder Deutsch. Amerika wurde erfunden zum Ruhm der Eroberer, zur Verwirklichung der Freiheit, als Hoffnung für die Jungen und als Möglichkeit für die Tatkräftigen. Ob in Kanada, Mexiko oder Argentinien, immer hast du das Gefühl, du müßtest nur zupacken, dann könntest du hier leben. Alles ist so unfertig, daß du gebraucht werden würdest und sicher deinen Platz fändest, und du übersiehst dann die vielen, die

nicht gebraucht werden, die auf der Suche nach Essen den Glauben an Amerika verloren haben.

Amerika verleitet zum Träumen. Auch von einer nicht genau erklärbaren Freiheit, nach der man sich sehnt, von der man glaubt, die Trapper und die Gauchos hätten sie gehabt. Und seltsam — auch dort, wo unfähige Bürokraten oder autoritäre Militärs regieren, kommt man diesem Traum sehr nahe, in der menschenleeren Weite, in der unberührten Wildnis, in der Einsamkeit.
Wer sich von Träumen verleiten läßt, meint vielleicht auch, daß Büroroutine mit Umsatzstatistik die Gefühle betäubt und die Fähigkeit zu erleben einebnet. Inge und ich dachten eines Tages, daß ein neuer Fernseher, ein größeres Auto oder ein Haus sicher nützliche Dinge sind, daß sie aber nicht das allein darstellen, was wir im Leben erwerben möchten. Wenn wir darauf verzichten würden, könnten wir vielleicht erfahren, wie man im Yukon Gold wäscht, wie der Lachs in Alaska schmeckt, ob die Navajos noch den Schatz der Anasazis bewachen, ob der Regengott in Chichicastenango regiert, ob der Dschungel die grüne Hölle ist, wie der Chamamé der Gauchos in der Pampa klingt...
Amerika hat uns verführt. Achtundzwanzig Monate lang sind wir mit einem Wohnmobil durch diesen Doppelkontinent gefahren. Über zwei Jahre lang. Wir sind nicht von Sehenswürdigkeit zu Sehenswürdigkeit gerast und haben nicht alles gesehen. Oft sind wir geblieben, um den Bäcker und den Schneider kennenzulernen, um zu erfahren, wie anstrengend das Leben eines Taschendiebes ist, um mit dem Herrn Minister über das Wirtschaften zu plaudern. Am liebsten waren wir bei Pablito, im Urwald am Paraná. Er ist Guaraní-Indianer und jagt noch mit Pfeil und Bogen. Wenn wir so am Feuer saßen, hat er manchmal erzählt, von seiner verstorbenen Tochter, vom Schlangengott, vom Großen Wasser. Pablito weiß vielleicht auch noch einen Weg in das Land ohne das Böse.

Im Schrank hängt ein Parka. Er ist voller Flecken aus Harz und Erde und Ruß. Ich möchte ihn nicht in die Reinigung geben. Er riecht nach Rauch — nach den Lagerfeuern im Abenteuerland Amerika — nach Freiheit.

Mit dem Frachter über den Atlantik

Dieser Koloß aus Stahl ist einhundertsechsundsiebzig Meter lang und achtundzwanzig Meter breit, er verdrängt sechstausend Tonnen und ist so hoch wie ein zehnstöckiges Haus. Dieser Koloß ist aus dem Dollart gezogen, eine meterhohe Bugwelle vor sich aufwerfend und eine Furche zerwühlten Wassers hinter sich lassend. Noch im Kanal ließ er die anrennenden Schaumwogen lässig an sich abklatschen. Der Wind blies mit Stärke sechs. Jetzt aber stutzt ihn der Atlantik auf seine wirkliche Größe zurecht. Ein Sturm bläst schon seit zwei Tagen. Schaumfetzen fliegen über die Dünung. Sie packt das Schiff, hebt es in die Höhe und läßt es dann nach unten krachen. Der Stahl dröhnt, Scheiben klirren, unförmige Wassermassen zischen vorbei.
Auf der Brücke herrscht die Stimmung der Routine. Obersteuermann Leif John Skoglund steht regungslos an der Fensterfront und starrt in die brodelnde Masse. Das Heulen wird drängend, das Zerren immer heftiger. Als der Sturm den Regen waagerecht gegen die Fenster peitscht, holt er mit einer knappen Bewegung den Matrosen in die Brücke, der draußen regungslos auf der Ausgucksplattform steht und nach vorn schaut.
Der Matrose kommt wortlos herein und stellt sich neben seinen Steuermann. Von seinem Ölzeug fließt Wasser und bildet eine Pfütze am Boden. Ich versuche, wie die anderen, das Rollen des Frachters durch breitbeiniges Federn mit den Knien auszugleichen. Ich muß mich aber immer wieder an der Fensterbank festhalten.
Da draußen sind keine Wellen mehr und da ist auch kein Himmel. Wasser und Luft haben sich zu formlosen Ungeheuern vereinigt, die sich wüst gegen das Schiff werfen. Wir haben etwas Schlagseite nach Steuerbord. Wenn eine heftige Bö auf das Wasser schlägt, erstarrt es einen Augenblick und sieht aus wie ein aufgerissener Berg aus Schiefergestein. Dann weht die Gischt darüber.

Jemand tippt mich an. Hinter mir steht breitbeinig Hallvard Andreas Hessen, Kapitän der Jan-Erik-Dyvi Skipsrederi und Herr über diesen Frachter, der DYVI PACIFIC. Er lacht und winkt fröhlich mit einem Blatt Papier: Der Wetterkartenschreiber hat die Lage für heute herausgegeben.
„Es ist nicht so schlimm", sagt er auf englisch und deutet auf die Kreise. „Das Tief befindet sich westlich von England, und wir liegen an seinem südlichen Rand. Sehen Sie, da das Hoch! Wir müßten bald schönes Wetter haben, vielleicht morgen schon – wenn das Tief dort bleibt, wo es ist."
Der Bug bohrt sich ins Wasser, ein Brecher geht über das Deck, und seine Spritzer klatschen mit Regen vermischt an die Fensterfront der Brücke.

Zum Lunch gibt es Sturmsuppe, Wurst und Brot. Inge und ich haben unsere Plätze am Kapitänstisch, zusammen mit dem Chefingenieur und dem Obersteuermann. Wir müssen die Teller mit der Suppe in den Händen halten und gegen das Rollen balancieren.
„Solange das noch geht", meint der Chefingenieur Per Nilsen, „ist das mit dem Wetter nicht so schlimm."
Die Verpflegung an Bord wird nicht aus einem Drei-Sterne-Restaurant geliefert. Sie muß kräftig sein, und es ist verschwenderisch viel. Kalorienzählen vergißt man am besten. Die Mannschaft – sie besteht aus dreiundzwanzig Männern und zwei Frauen – muß bei jedem Wetter hart arbeiten. Die Leute brauchen kräftige Nahrung. Und viel. Du tust gut daran, tüchtig mitzuessen, damit der Magen arbeiten kann und das Rollen des Schiffes übersieht. Hunger hat man auf jeden Fall auf dem Meer. So bleibt nicht viel übrig von den Mahlzeiten. Morgens: Kaffee, Rührerei mit Schinken, Kartoffeln, Käse, Wurst und Brot; mittags: Suppe, Salate, Fleisch, Fisch, Kartoffeln und Brot; abends: Salate, Fisch, Fleisch, Kartoffeln, Brot, Obst und Pudding. Und zwischen den Mahlzeiten immer wieder Kaffee und Kuchen.
An der Geschichte vom immer trinkenden Seemann scheint nichts dran zu sein. Zum Essen wird Wasser, Kaffee und Milch

gereicht. Nur einmal in der Woche wird Bier oder Wein serviert, und auch nur dann, wenn man auf dem offenen Meer ist. Eines Abends, als wir keinem anderen Schiff über den Kurs laufen können, erlaubt der Kapitän Barbetrieb. Die Leute trinken ein oder zwei Biere und erzählen sich lustige Geschichten. Einer hat eine haarsträubende Sache von einem riesigen Fabelfisch parat. Sie lachen, laut und rauh, und der Kapitän wechselt mit jedem einige scherzende Worte. Um zehn liegt jeder, der nicht auf Wache sein muß, in seiner Koje. Mit betrunkenen Seeleuten bringt man keine Fracht über den Ozean.
Der Frachter läuft unter norwegischer Flagge. Sein großer Auftraggeber ist das Volkswagenwerk. Er faßt etwa dreitausend Personenwagen, die er für Volkswagen in alle Welt führt. In letzter Zeit bringt er auch Autos nach Deutschland: Käfer und Jeeps aus Mexiko.
Die Fracht ist in zehn Decks untergebracht. Unsere Ladung bei dieser Reise besteht aus 1200 Personenwagen und 800 Laster von MAN. Bestimmungshafen ist Wilmington an der Ostküste der Vereinigten Staaten.
Eigentlich wollten wir unsere Amerikareise in Montréal, Québec beginnen. Als wir aber hörten, daß Volkswagen unser Auto mit seiner Sendung verladen würde und Kapitän Hessen uns sogar mitnähme, als Passagiere oder als Arbeiter, war uns der Ankunftshafen in Amerika gleichgültig, wenn er nur an der Ostküste zwischen Miami und Halifax lag.

Der letzte Tag in Deutschland hatte unsere Nerven strapaziert. Die Zusage der Passage kam von Volkswagen so überraschend, daß wir Hals über Kopf vom Bodensee aufbrechen mußten und die ganze Nacht bis Emden durchfuhren.
Und dort erklärte uns der Hafenmeister: „Ich habe achthundert Trucks zu laden. Ihr Auto hat keinen Platz."
„Aber die von Volkswagen haben uns gesagt..."
„Ja, ja. Die sitzen auch am Schreibtisch!"
Das beste ist, dachten wir, wenn wir mit dem Kapitän reden. Wir sind noch nie auf solch einem Frachter gewesen und haben

noch nie mit solch einem Kapitän gesprochen, so daß wir recht schüchtern die Gangway betraten. Oben lehnte ein Muskelpaket über die Reeling. Auf unsere Frage gab es ein fauchendes Geräusch und eine unbestimmte Kopfbewegung von sich. Wir wollten mit unserem Auto nach Amerika. Also trauten wir uns an dem Muskelpaket vorbei.
Wir irrten auf dem Schiff umher. Bald beschlich uns die Furcht, etwas Verbotenes zu tun. Aber wir trafen einen jungen Mann, einen Filipino, der uns freundlich erklärte, daß Kapitäne immer „oben" zu sein pflegen. So kletterten wir über Leitern und Treppen nach oben und fanden nach einigem Suchen eine Tür mit dem Schild: „Captain".
Wir standen einem großen und schlanken Mann gegenüber, mit einem braunen Gesicht und graublauen Augen, so um die Vierzig herum. Er hatte von uns schon gehört und war bereit, uns mitzunehmen, und das Auto, das wollte er sich mal anschauen. Wir kletterten mit ihm die Leitern und Treppen wieder hinunter und führten ihn zu unserem Wohnmobil, das als Winzling vor dem Schiffsrumpf am Kai stand. Er ließ sich genau erzählen, wo wir hinfahren wollten, wie lange und warum, und schaute sich Kühlschrank und Herd an und probierte die Dusche, und sagte: „Sie werden oft bei Leuten übernachten, die viel weniger besitzen, als Sie hier im Auto haben. Seien Sie vorsichtig."
Und wegen des Laderaums sollten wir uns keine Sorgen machen, das würde er arrangieren. Der Agent gesellte sich zu uns. Er hatte auch schon von uns gehört, und er sagte: „Die Reederei ist an der Bezahlung einer Passage nicht interessiert. Sie würde Sie lieber, wenn Sie schon bei Ihrem Auto sein wollen, als Arbeitskräfte einsetzen."
Das wollten wir gerne, wenn wir uns dadurch die Kosten für die Überfahrt sparen konnten. Aber gab es überhaupt Platz auf dem Schiff für unser Auto? Ein Lastwagen nach dem anderen rollte durch das riesige Tor in den Schiffsbauch. Wir standen herum, liefen den Arbeitern in die Beine, guckten, rechneten, mit jedem Fahrzeug schrumpften unsere Hoffnungen. „Wegen euch bleibt kein Truck stehen", schimpfte der Hafenmeister. Und dann

fuhren sie den letzten Laster hinein, und dann war gerade noch so viel Platz...
Als das Schiff von Schleppern aus dem Hafen gezogen wurde, gingen wir zum Kapitän und sagten, wir stünden zur Verfügung, er solle uns zur Seemannsarbeit einteilen. Er guckte uns groß von oben bis unten an.
„Ruhen Sie sich aus", lächelte er dann. „Sie werden genug zu tun haben, wenn Sie durch Amerika wollen."

Am Nachmittag kriechen Per Nilsen und ich durch den Bauch des Schiffes. Der Maschinensaal erinnert an Szenen in dem Stummfilm „Metropolis": Mannshohe Kolben stampfen in mannshohen Zylindern. Wenn sie mit voller Kraft arbeiten, entwickeln sie die Stärke von zehntausend Pferden. Im Gegensatz zu dem Film fehlen hier die Menschen. Der Saal ist leer.
Das hätte er zuerst auch nicht glauben wollen, erklärt der Chefingenieur auf meine Frage. „Der Motor läuft vollautomatisch. Wir kontrollieren ihn zwar tagsüber im Maschinensaal, aber nachts wird er von der Brücke aus überwacht."
„Wieviel Liter Diesel braucht er denn..." Ich unterdrücke das „auf hundert Kilometer".
Per Nilsen überlegt kurz. Dann sagt er: „Dreißigtausend Liter in vierundzwanzig Stunden. Wir machen dabei achtzehn Knoten. Allerdings nicht heute, bei diesem Sturm."
Unsere Geschwindigkeit wird durch Seegang und Wind gebremst. Sie beträgt nur vierzehn Knoten in der Stunde. Zur Kühlung benötigt die Maschine täglich fünfundzwanzig Tonnen Süßwasser. Es wird fast jeden Tag aus Meerwasser aufbereitet. Die Seeleute können also ausgiebig duschen, so oft sie wollen.
Inge und ich vertreiben uns die Zeit damit, stockwerkweise den Leitern an der Schiffswand entlang zu klettern. Einmal preßt uns die Schwerkraft des rollenden Frachters an die Sprossen, dann versucht uns die Fliehkraft von der Leiter zu reißen. Und die Autos, die an den Rädern vertäut sind, heben sich gespenstisch gleichzeitig aus ihren Federn und sinken wieder in sie zurück. Dabei entsteht ein Geräusch wie ein rasselndes Ein- und

keuchendes Ausatmen. Es ist ein unheimliches Bild: Autoleiber, die sich wie auf Kommando aufrichten und wieder zusammenfallen, in der spärlichen Beleuchtung der Ladedecks. Die Wände vibrieren von der rotierenden Schraube. Von außen dringt das Zischen der am Rumpf entlangreißenden See.

Normalerweise mögen die Seeleute auf Frachtern keine Passagiere. Man kann sie nicht in den unteren Decks verstauen, und sie werden seekrank. Deswegen lassen immer weniger Reedereien Passagiere auf ihren Frachtern mitfahren. Schade! Denn gerade die Reise auf einem Frachter bietet ein besonderes Erlebnis. Es ist ja keine Vergnügungsreise, sondern erfüllt einen wirtschaftlichen Zweck. Auf einem Frachter erlebt man den Seemannsberuf hautnah, und man muß seine Vorstellungen, die man aus Schlagern und Filmen zu schön gefärbt bekommen hat, korrigieren.
Trotzdem ist eine Seereise, auch mit der modernen Transportmaschine, immer noch romantisch. Was da stolz aus dem Dollart gezogen ist, muß sich jetzt von den Brechern des stürmenden Atlantiks demütigen lassen. Beim Abendessen erzählen die Seeleute von der MÜNCHEN. Vierzigtausend Tonnen ist das Schiff groß gewesen. Solchen Riesen kann doch das Meer nichts mehr anhaben. Die MÜNCHEN ist im Sturm gesunken. „Nicht weit weg von hier", sagt Per Nilsen. Eine Riesenwelle soll das Schiff begraben haben. Es soll so schnell gegangen sein, daß die Besatzung nicht mehr um Hilfe rufen konnte.
Wir essen alle sehr viel, damit unsere Eingeweide genug zu tun haben. Es wird sehr schweigsam am Tisch. Das mit der MÜNCHEN ist noch nicht so lange her.
Bei Windstärke zehn wird auch der Mensch auf seine wirkliche Größe zurechtgestutzt.

Im Urwald liegen keine Plastiktüten

„Ha!" sollen die Franzosen gerufen haben, als sie mit ihren Schiffen den Saguenay-Fluß heraufsegelten und die Landschaft entdeckten. Ganz erstaunt: „Ha!" und nochmals: „Ha!" Und damit haben sie einer der Buchten dieses Flusses, der vom St.-Johann-See (Lac St. Jean) zum St.-Lorenz-Strom fließt, den Namen gegeben: „Ha!-Ha!-Bucht". In Französisch: la Baie des Ha! Ha!
Als wir mit unserem Wohnmobil in diese Gegend kommen und von einer Anhöhe über Seen, Flüsse und den unendlichen Wald blicken, sind wir so überwältigt wie die ersten Franzosen, und Inge ruft: „Das ist ja irre schön!"
Diese vielen Seen, Flüsse und Flüßchen können noch nicht alle Namen haben.
Wir sind von Trois Rivières heraufgefahren. Es ist die zweitälteste Stadt Kanadas und wohl der Welt größter Zeitungspapierhersteller. Bis La Tuque folgt die Straße dem Saint Maurice stromauf. Unzählige Holzstämme treiben auf dem Fluß nach Süden, in die Papierfabriken. Die Straße verläßt dann den Fluß und führt durch den Urwald, an lauter kleinen Seen vorbei, die sich aneinanderreihen wie Perlen an einer Kette.
Auf hundert Kilometer kommt kein Dorf mehr, keine Tankstelle und kein Auto. Das Wasser der Seen ist golden und klar und blitzt in der Sonne, an roten Felsen und in brauner Erde. Der Wald ist geheimnisvoll, aus düsteren Sprossenfichten und Kiefern und manchmal in verschwenderischer Pracht mit hellgrünem Leuchten von Birken und Weiden.
Am St.-Johann-See dann ein paar kleinere Ortschaften, die weit das Land besiedeln. Der See, vielleicht dreimal so groß wie der Bodensee, strömt Ruhe aus. Keine Kursschiffe, keine Segelboote, keine Uferpromenade mit Cafés und Laune, nur Wasser und Birken mit zittrigen Blättern, vereinzelte Akazien.
Doch! Ein Mann paddelt gemächlich in einem Kanu über das Wasser. Er singt ein Lied. Wir können nicht verstehen, was er

singt. Ist es ein Lied der Voyageurs, jenen lustigen Raufbolden, die mit den Trappern Kanada erobert haben?
Als Montréal und Québec noch kleine Städte waren, hat es schon jene gegeben, denen das geregelte Leben, die strenge Moral, der Job oder die Zivilisation nicht mehr paßte. Sie haben dann ihre Familien verlassen und die Sicherheit der bürgerlichen Welt für ein Leben in einem Kanu eingetauscht. Sie sind durch Kanada gepaddelt, haben den Coureurs du bois, den Trappern, Schnaps und Patronen geliefert und Felle dafür in die Zivilisation zurückgebracht. Man transportiert heute keine Waren mehr mit dem Kanu. Das macht man mit dem Auto. Die Voyageurs mußten Lastwagenfahrer werden. Und Tierfelle züchtet man inzwischen billiger in Tierfarmen, anstatt ihnen mühsam nachzujagen.
Es ist wohl kein Lied der Voyageurs. Das Boot landet unten in Val Jalbert auf dem Campingplatz. Junge Leute zünden ein Lagerfeuer an. Verhaltenes Lachen klingt herauf.

Am nächsten Morgen tanken wir in dem Dörfchen Notre-Dame-de-la-Doré. Danach gibt es für 250 Kilometer kein Dorf und keine Tankstelle mehr. Nur noch den Wald von Chibougamau. Und ein goldener See am anderen. Die Straße ist neu. Manchmal hat es Rastplätze an den Seen, mit Feuerstellen und Toiletten. Der Verkehr ist spärlich. Und wir sind die einzigen, die rasten.
Die Stadt Chibougamau mit 13.000 Einwohnern wirkt dann wie eine Metropole auf uns. Frankokanadier, Cree-Indianer, blitzblanke Holzhäuschen, ein Flugplatz — und erstaunlich viele Stripteasebars. Der Stadtverkehr nach der Stille der Wälder ist so ungewohnt, daß es uns gleich weiterzieht, nach Norden.
Hinter Chibougamau beginnt der Urwald des Mistassini-Gebietes. Da hört auch der Asphaltbelag auf der Straße auf. Wir rollen auf Schotter, hüpfen über quadratmetergroße Löcher, quälen das Auto Steigungen hinauf und schlingern wieder hinab. Der Urwald links und rechts wird furchteinflößend. Er erhebt keinen Anspruch mehr, schön zu sein. Vergiß das erhebende Gefühl, das du beim Wandern durch die ästhetische Landschaft des

Schwarzwaldes bekommst. Dieser Wald hier ist nicht von Menschen gemacht. Hier kämpft Baum gegen Baum, Strauch gegen Strauch, und alle Bäume und Sträucher gegen Insekten. Und geduckt und verkrüppelt kämpfen sie gegen acht Monate Schnee, gegen den eisigen Wind aus der Hudson Bay, der sie zerrauft, bricht, entwurzelt.
Weiden und Birken werden seltener. Nur noch an Seen und Flußläufen, an geschützten Stellen, leuchtet das Hellgrün zwischen den Koniferen in der Sonne auf. Aber dann — kilometerlang kahle, abgefressene Bäume im Sumpf. Die Düsternis des Todes reckt sich grotesk mit gräulichweißen Baumstümpfen in den Himmel. Das ist jetzt nicht mehr schön und niemand ruft erstaunt „Ha!".
Das Auto tastet sich hoppelnd durch die Wildnis. Wir sitzen mit beklommenem Herzen in der vermeintlichen Sicherheit unseres Fahrzeugs.
„Es sind Insekten", erklärt uns später Hector, der Ranger. „Sie kommen alle vierzig Jahre und fressen die Bäume ganzer Landstriche kahl."
In diesem Wald können wir nicht wandern. Wir brechen durch dorniges Gestrüpp, klettern über umgeknickte Baumstämme und zwängen uns durch Zweige und Laub. Ich rutsche in eine Tierhöhle.
Hat je schon einer erzählt, wie heiß die subarktische Sonne brennen kann? Und Tausende von Stechmücken und Schwarzfliegen umschwirren uns blutrünstig.

Hector, der Ranger, wurde durch Funk über unser Kommen unterrichtet. Er erwartet uns im Camp, eine kleine, drahtige Gestalt mit einem gebräunten Gesicht. Kleine, flinke Augen verstecken sich hinter struppigem, dunklem Kopf- und Barthaar. Er spricht das uns immer noch fremd klingende Québecfranzösisch. Hector ist eigentlich Vermessungstechniker. Er hat schon immer im Wald gelebt. Bevor er Ranger im Naturschutzgebiet vom Mistassini wurde, hat er geholfen, Straßen durch den Wald zu schlagen. Beim Straßenbau. Als Ranger verdient er nicht soviel. Aber

ihm ist es lieber, eine Arbeit zu haben, bei der er Bäume schützen kann, anstatt sie abzuholzen. Und an den Lärm der Baumaschinen hätte er sich nie gewöhnen können.
Die Frankokanadier duzen alle Welt, außer den Lieben Gott und ihren Hund. Hector duzt uns also auch gleich. Er zeigt uns zuerst, wo die Abfälle und das Abwasser des Wohnmobils hinkommen.
In Kanada nimmt man es genau mit dem Umweltschutz. Auch in der Wildnis. Und man sieht es ihrem Land an. Es ist ein sauberes Land. Selbst Großstädte mit ihren Kaufhäusern, Bahnhöfen und Parkplätzen fallen durch gepflegte Sauberkeit auf. Wer sich beim Wegwerfen eines Pappbechers erwischen läßt, zahlt in Québec zweihundert Dollar Strafe, in manchen Provinzen sogar mehr. Die Mounties (Canadian Royal Mounted Police) würden sehr gewissenhaft für Ordnung sorgen, erzählt man uns.
Das Camp liegt am Chalifour-Fluß, der sich in viele hundert Seen verästelnd in den Mistassini-See ergießt. Neben uns lebt noch ein Ehepaar mit einem kleinen Jungen in einem Zelt. Der Platz ist für zwölf Familien gedacht. Wenn er belegt ist, lassen die Ranger kein weiteres Auto mehr in diesen Teil des Waldes. In Europa würde man auf dem gleichen Raum über hundert Familien unterbringen wollen. Es gibt hier aber keinerlei Komfort, keinen Strom, keine Bar und keinen Laden.
Die Piste führt noch etwa siebzig Kilometer weiter nach Norden, zu einem anderen Campingplatz, der fünfzig Familien aufnehmen kann. Zehn Kilometer westlich von uns liegt ein Dorf der Cree-Indianer, Mistassini Village.

Der Ranger leiht uns ein Boot zum Angeln. Auf einmal sind wir allein, um uns herum Wasser, Inseln, Buchten und Wald, Wald, Wald... Wie eine Mauer steht er am Ufer. Vögel lärmen heraus. Als die Sonne untergeht, fangen wir zwei Forellen. Genug für uns, für heute abend. Der eisige Atem der Hudsonbai haucht uns an und dringt durch alle Kleider. Müssen wir hier entlang oder dort an der Insel vorbei? Der Motor dröhnt in die Stille.
„Vor zwei Jahren waren hier schon mal zwei Deutsche", hat

Hector erzählt. „Sie hatten ein eigenes Boot mitgebracht und fuhren damit eines Morgens zum Fischen. Als sie am Abend nicht zurückkehrten, machten wir uns zunächst keine Sorgen. Doch am anderen Morgen wollten wir sie suchen. Jim hat sie zurückgebracht, Jim, der Cree-Indianer, im Schlepp seines Bootes. Sie waren vollständig verängstigt, und sie sind nie wieder aus der Sichtweite des Lagers gegangen."
Wie vertraut flackert uns das Feuer über das Wasser entgegen. Janine und Marcel hocken da, mit dem Jungen, Maurice, und daneben Hector — und Jim, der Cree.
Das Feuer brennt nieder. Der Duft von gegrilltem Fisch regt unseren Appetit an. Wir hatten doch eine Flasche trockenen Wein in Montréal gekauft? Der Cree lehnt ab. Wenn er anfangen würde, könne er nicht mehr aufhören, dann müsse er nach Chibougamau fahren und in eine Bar gehen und Whisky trinken. Er spricht Englisch, und er sagt, die Cree wollten die neue Amtssprache von Québec nicht. Sie würden neben ihrer Muttersprache, dem Algonquian, nur noch Englisch brauchen. Das hätten sie mal von der Hudson's Bai Company übernommen. Dabei wollten sie bleiben.
Es wird kalt. Wir rücken näher an das Feuer. Gibt es hier Bären? „Im Frühling können sie gefährlich werden", meint Hector. „Aber jetzt, im Juni, sind sie friedlich."
Weiße benötigen zum Jagen eine Genehmigung. Wenn jetzt ein Bär ins Camp käme, müßte man ihn verscheuchen, ohne ihn zu töten. Das Jagen von Bären erlaubt die Regierung von Québec den Weißen nur im Herbst. Jim, der Cree — ja, der dürfte. Indianer dürfen fischen und jagen, wo und wann sie wollen.
„Für uns ist es auch kein Sport, sondern ein Teil unseres Lebensunterhaltes. Sollte es wenigstens sein. — Aber die Cree essen sicher öfter Corned Beef als Karibou- oder Bärenfleisch. Nicht alle, aber die meisten... Wegen dem Whisky..."
Ob es früher besser gewesen ist? Da hießen die Cree noch nicht Jim Davison oder Allan Brown, sondern Choua, Mistichi und Comdowtah, und sie haben noch die Mistabeos in ihren Zelten gehabt. Die gibt es heute nicht mehr. Wahrscheinlich mögen

Mistabeos kein Corned Beef, und sie können den Benzingeruch der Bootsmotoren nicht leiden. Vielleicht ist es schlimm für die Cree, daß sie die Mistabeos verloren haben. Die Kraft der Cree scheint mit ihnen verschwunden zu sein. Aber das kann man nur vermuten. Die Mistabeos haben den Cree ja nicht nur kluge Ratschläge erteilt, sondern manchmal auch schlechte. Und sie haben die Hungersnöte nicht verhindern können, wenn der Winter zu hart war und es keine Karibous zu jagen gab. Einmal ist die Zeit so schlimm gewesen, daß selbst der junge Krieger Iyashees keinen Karibou mehr finden konnte, obwohl er einer der Besten der Cree war. Iyashees hat so manchen Kampf mitgemacht, gegen die Ojibway im Süden und gegen die Huronen im Osten, er ist einer der Führer gewesen, als die Cree die Hudsonbai überquert haben, bei den trägen Athabasken eingefallen sind und ihnen die Frauen geraubt haben, damals, als es noch keine Weißen im Land gab. Und auch Iyashees konnte keinen Karibou fangen, und er sah, daß seine Geliebte verhungern würde. Man sagt, Iyashees hätte seine Geliebte aus einem tanzenden Zelt am Témiscamie geholt. Sie war so schön, daß er nicht mitansehen konnte, wie ihr Gesicht schmäler wurde und ihre Brüste schrumpften. Da hat Iyashees sie in eine Drossel verwandelt, damit sie in den Süden fliegen konnte, wo es warm war und es genug Nahrung gab. Seither träumen die jungen Cree von der Drossel. Wenn sie singt, ist der Frühling da, und der Cree möchte ein Mädchen lieben.
„Was ist ein Mistabeo?"
Dunkle Augen, fleischige Lippen, schwarze Haare, ein Gesicht, das die Sonne und die Kälte kennt. Er steckt in einem karierten Hemd und Jeans und trägt einen Parka.
„Ich schwatz zuviel. Der Tag war wohl zu warm."
„Haben auch andere Völker Mistabeos gehabt? Die Ojibway zum Beispiel."
Mistabeos haben wohl nur die Cree gehabt. Man kann auch nicht sagen, was sie gewesen sind, weil es sie nicht mehr gibt. Vielleicht sind es Geister gewesen, weil sie manchmal unsichtbar waren und durch die Wände der Hütten gehen konnten. Andrer-

seits haben sie von den Cree Karibouflеisch zu essen verlangt. Und daß Geister Nahrung zu sich nehmen, davon hat man bei den Cree noch nie gehört.

Ein Cree braucht den Wald und den Schnee, den kurzen Sommer und ein Boot, er kann tagelang einen Bären verfolgen, ohne zu ermüden, und er wird ihn dann besiegen. Ein Cree ist intelligent und stark, und er kann im Winter überleben, wo andere zugrunde gehen würden. Aber ein Cree kann nicht hundert Stühle hintereinander herstellen, wenn er nur einen braucht, und er kann nicht in überhitzten oder unterkühlten Räumen sitzen, mit irrem Licht, vor flackernden Lämpchen an tickenden Maschinen. Ein Cree braucht den Wald.
Und hier, dreihundert Kilometer östlich der James Bay, am Mistassini-See, da ist der Wald, und dort hat jetzt auch der eifrigste Vogel aufgehört zu singen. Der Wind ist eingeschlafen, und das Glucksen der Wasser ist verstummt. Insekten ruhen bewegungslos in den Blättern. Blauschwarz und kalt glitzernd hat sich die Nacht über alles gelegt, mit absoluter Stille, und nichts kann meine Gedanken mehr ablenken.
Lohnt sich denn die Reise in diese Öde? Es gibt kein Radio, kein Fernsehen, auf den stundenlangen Kilometern verstummte der letzte Werbespot, die Bee-Gees gingen im atmosphärischen Geknatter unter. Diese Wildheit hier, diese Kargheit, will mich abweisen. Die Wildnis will uns nicht, sie braucht uns nicht und legt uns Hindernisse in den Weg. Die Berge sind nicht hoch hier, zwischen dreihundert und achthundert Metern über dem Meer. Doch wenn der Urwald darüberwächst oder die Felswand steil ist und es keinen Wanderweg gibt, dann sind auch nur hundert Meter Höhenunterschied eine Qual. Und wir zwängen uns durch das Gebüsch, treiben mit dem Boot, und wir atmen die klare Luft tief ein. Und wir kommen dahin, wo vor uns noch keiner war, und wir finden den Biber, den Elch und den Fischotter. Wir zwängen uns weiter. Wir werden uns die Frage, ob sich die Reise in diese Öde lohnt, nie mehr stellen. Es liegen keine Plastiktüten im Urwald.

Der Elch auf der Transkanada

„Die Prärie ist langweilig. Da könnt ihr schnell durchfahren. Setzt euch einmal aufs Autodach und guckt in die Runde, dann habt ihr alles gesehen."
Wenn man diesen Ratschlag von Kanadiern befolgt, die nur die Rocky Mountains und die Niagarafälle für schön halten, entgeht einem die Weite und die Lieblichkeit einer Landschaft, deren Fruchtbarkeit die ganze Welt neidisch macht.
Wir haben noch das Donnern der Kakabeka-Fälle im Ohr und malen uns diese alte Geschichte aus, wie das Indianermädchen Grünmantel vom Stamm der Ojibway sich mit ihrem Kanu in den Canyon stürzte. Ihr Opfer täuschte die feindlichen Siouxkrieger, die ihr mit ihren Booten folgten. Die gesamte Armada der Sioux wurde mit den Wassern in die Tiefe gerissen, und die Ojibway hatten eine Zeitlang Ruhe vor ihren Angriffen. Hatte man nicht das Mädchen im Mondlicht über den Wasserfällen schweben sehen?
Über die Transkanada, Hauptverkehrsstraße der Nation, schlendert gemütlich ein Elch. Er wendet mißbilligend den Kopf, als ich ihm mit dem Fotoapparat vor den Augen hinterherlaufe. Was weißt du schon von alten Indianergeschichten, denkt er bestimmt, und verschwindet im Dickicht.
Dann hören wir Maschinen durch den Wald dröhnen. Die Straße wird neu gemacht. Ein Flaggirl stoppt uns. Burschikose Anmut in Jeans. Wir dürfen die Baustelle nur im Schutz eines Pilotcars passieren, der im Schritt vor uns herfährt. So vorsichtig ist man in Kanada. Bei dem geringen Verkehr kann man das ja machen. Und wir sehen erstaunt, daß auf den dröhnenden Riesenbaumaschinen auch Frauen hocken und baggern und Erde schieben, daß der Bautrupp ein Bild der Emanzipation darstellt, wie Kanada sie versteht. Auf der anderen Seite der Baustelle gibt ein anderes Flaggirl dem Gegenverkehr den Weg frei. Ein von der Sonne gebleichter Blondschopf mit Sommersprossen im verschwitzten Gesicht. Sie heißt Debbie Tucker und bekommt acht Dollar

in der Stunde. Der Job beim Straßenbau macht ihr Spaß, das Leben im Urwald sei romantischer als am Fließband in Toronto. Hinter dem See der Wälder (Lake of the Woods), gleich hinter der Grenze von Ontario und Manitoba, hört der unermeßliche Urwald des kanadischen Schildes auf. Das Auge hat einen freien Blick über ein sanft gewelltes Land. Felder und Felder und Wiesen mit üppigem Strauchwerk, so weit wir schauen können. Darüber steht eine kräftige Sonne, die die Luft über dem Erdboden flimmern läßt. Langsam wächst uns die Weizenmetropole Winnipeg entgegen.
Nach den Tagen der Einsamkeit verwirrt uns der brausende Verkehr. Wir wischen uns die Indianermärchen aus den Augen. Hier gibt es Ampeln zu beachten.

Vor hundertfünfzig Jahren standen hier, am Zusammenfluß des Assiniboine und des Roten Flusses, nur ein paar Hütten, und es war gar nicht sicher, ob die hier siedelnden Schotten, Deutschen und Franzosen überleben würden. Die erste Siedlung des weißen Mannes im kanadischen Westen war nicht nur den Indianern ein Dorn im Auge, sondern auch den frankokanadischen Trappern, und denen besonders. Sie und ihre Nachkommen mit indianischen Mädchen, die Métis, sahen ihr freies und manchmal ungezügeltes Leben durch das konservative Bauernvolk gefährdet. Nicht nur, daß der Pflug die wilden Tiere mit ihrem Fleisch und dem wertvollen Pelz vertrieb, die Bauern tanzten und sangen auch weniger und hatten klare Vorstellungen von Sitte und Moral. Mancher Trapper hatte nicht nur *eine* Hütte im Wald, und in jeder wartete treu eine junge Indianerin. Mit dem Häuptling war es leicht, sich zu arrangieren. Man war doch nicht aus Montréal weggelaufen, um sich jetzt wieder vom bürgerlichen Gesetzbuch einholen zu lassen.
So gab es, neben dem sich oft bösartig zeigenden Roten Fluß, immer wieder Reibereien zwischen den Bauern auf der einen Seite und den Indianern und Trappern auf der anderen Seite.
Noch vor hundert Jahren lebten in Winnipeg nur dreihundert Einwohner. Der Raddampfer, die Eisenbahn und die Fruchtbar-

keit der Prärie, kombiniert mit der Tüchtigkeit der Bauern, machten Winnipeg vom Pelzhandelsstützpunkt zur Welthauptstadt des Weizens mit über einer halben Million Bürger.
In den Straßen hört man neben Englisch und Französisch auch Ukrainisch, Polnisch, Jiddisch und vor allem Deutsch. Es gibt deutsche Feinkostgeschäfte, deutsche Restaurants, eine deutschsprachige Zeitung und im Radio deutsche Musik.
Die Stadt hat sich die bürgerliche Lebensweise erhalten.
„Ils roulent les trottoirs à onze heures (Sie rollen um elf die Bürgersteige ein)", schimpft ein sonst lustiger Frankokanadier.
In einem Reiseprospekt über Winnipeg, von der Stadt selbst herausgegeben, steht: „Wir legen keinen Wert darauf, unseren Gästen die Stadt eines gewissen Nachtlebens zu sein."
So gibt es, neben dem großen Abend des Theaters, die kleinen Abende mit Western-Country-Music im „Paddock" und mit Josef, den unermüdlich Rheinlieder spielenden Akkordeonisten im „Happy Vineyard". Auf dem Heimweg bummelt man allein und unbehelligt durch stille Straßen, unter alten Bäumen, an gepflegten Rasen vorbei. Josef hat uns noch zum Abschied das Lied von der Schwäbischen Eisenbahn gesungen. Hier wirst du weder überfallen noch verführt. Die behaglichen Häuser strahlen so viel aus, daß auch der Reisende noch ein gutes Stück Geborgenheit abbekommt.

Der Wagen rollt dann wieder über Asphalt, durch eine hügelige Weite, geschwungene Täler, ausgedehnte Ebenen. Felder und Felder, und dann Margeriten und Prärierosen, Grasflächen mit Rinderherden — die Prärie.
In Deutschland sind wir fremde Autokennzeichen gewöhnt. Wer schaut bei uns schon einem französischen oder amerikanischen Fahrzeug nach. Das ist in Amerika anders. Ein deutsches Autokennzeichen fällt hier mehr auf als ein buntbemaltes Hippiefahrzeug. Wir werden überall angesprochen, wo wir auch stehen, sogar an der Ampel, in Englisch, in Französisch, aber meistens in Deutsch. So lernen wir im kanadischen Westen zum ersten Mal auf unserer Reise deutschstämmige Auswanderer kennen.

Man winkt uns beim Überholen, man hält uns an. Sie sind hier seit vierzig Jahren oder seit gestern, vor den schlechten Zeiten, vor den Nazis oder vor der Enge Europas geflohen, manche aus Abenteuerlust.
„Ich verkaufe bestes Farmland."
„Ich lade Sie auf meine Farm ein."
„Ich bin in Konstanz geboren. Jetzt haben wir hier ein Häuschen. Kommt zu uns, heute abend."
Auch die Polizisten, die unser Kennzeichen nicht kennen, schauen da genauer hin, wenn wir vorbeifahren. Sie möchten wissen, woher „this animal" kommt.
Dabei brauchen wir keine Angst vor ihnen zu haben. Nirgendwo werden wir wieder so freundliche und hilfsbereite Polizisten treffen wie in Kanada. Sie sind so großzügig und menschlich, daß wir schon mal die Parkzeit überschreiten. Wenn einer alleine ist, in der Wildnis, auf Streife, und er hat gerade Zeit, kann man mit ihm schwatzen und fragen, was man will. Er erklärt dann gerne seine Waffen, worauf es bei der Ersten Hilfe ankommt und wie man in der Wildnis überleben kann, wenn man irgendwo steckengeblieben ist. Wir werden später noch einmal in Chile auf ähnlich hilfsbereite Polizisten treffen. Doch trotz aller Freundlichkeit wird bei uns ein Rest von Furcht vor der chilenischen Polizei hängenbleiben, weil man erzählt, daß sie Gefangene verprügeln.
Die Royal Canadian Mounted Police ist immer korrekt gewesen und hat sich selbstlos für das Recht eingesetzt und oft mit Opfern aus den eigenen Reihen dafür bezahlt, wenn es galt, einen gefährdeten Bürger zu retten oder einen Verbrecher einzufangen. Dabei spielte es keine Rolle, ob der zu Rettende eine Rothaut oder ein Weißer war, und bei einem Verbrechen wurde bei Weißen so korrekt ermittelt wie bei Indianern. Der gute Ruf der Mounties ist schon alt. Vor hundert Jahren hat Krähenfuß, der Häuptling der Schwarzfußindianer, lieber dem Polizisten Macloed die Hand angeboten, als mit den Sioux in einen gemeinsamen Krieg gegen die Weißen zu ziehen. Die Sioux hatten schlechte Erfahrungen mit der Obrigkeit in den Vereinigten

Staaten gemacht. In Kanada hingegen hatte die Polizei durch gerechtes und kluges Handeln erreicht, daß aus dem Westen Kanadas nicht der Wilde Westen wurde. Kanada ist ein sicheres Reiseland. Wir — allein in unserem Wohnmobil — wissen dies zu schätzen.

Braucht man englische Sprachkenntnisse, um durch Kanadas Westen zu reisen? Sicher ist es besser, weil man mit Indianern reden kann. Und auf dem Postamt ist es auch einfacher. Seit wir aber im Westen sind, haben wir kaum noch englisch gesprochen. Ob in Calgary, Edmonton, Winnipeg oder Regina, überall treffen wir auf Leute, die mit uns deutsch reden wollen.
In einer Werkstatt erklären wir uns umständlich in Englisch, weil uns der Fachausdruck nicht mehr einfällt, um ein bestimmtes Ersatzteil zu bekommen. Der Herr gegenüber hört geduldig zu und erklärt dann seinem Partner im Lager — auf Deutsch: „Der Kunde meint bestimmt die Unterbrecherkontakte."
Hoch im Norden, im Yukon, hören wir zuerst einen Straßenbauarbeiter berlinern, und ein Lachsfischer bietet uns seinen Fang an, in Schwäbisch.
Und wir treffen Menschen, die an deutschen Sitten festhalten, obwohl sie Deutschland nie gesehen haben.
Kurz hinter Regina spricht uns Doug an, mit ostpreußischem Tonfall. Wie schön, auf einem Parkplatz mitten in Kanada einen echten deutschen Touristen zu treffen; wir sollen auf die Farm seines Vaters kommen. Der freut sich garantiert. Doug ist ein kräftiger Mann mit blondem Schopf und blauen Augen. Er sei Mennonite.
„Ich war schon mal in Deutschland, im Zuge eines Austausches von Landwirtschaftsstudenten."
Sein Vater, sein Großvater und seine Ahnen, bis zu zweihundertfünfzig Jahre zurück, hätten Deutschland aber nie gesehen.
Er beschreibt uns den Weg, Richtung Saskatoon, nach Hanley, dort zwanzig Kilometer nach West, dann zwei Kilometer nach Süd, zur Farm von Edward Peters. Er fährt fröhlich winkend mit dem Truck davon.

Auf der Farm werden wir aufgenommen wie alte Freunde. Es gibt Kaffee und Erdbeerkuchen mit Schlagsahne, wie bei Muttern. Sind wir in Amerika?
Ed Peters, Frau Peters, Großvater Koop und die Söhne Doug und Bill geben sich Mühe, hochdeutsch zu reden, weil wir als „Baden-Württembergler" ihr preußisches Platt doch nicht verstehen würden.
Großvater Koop erzählt die Geschichte der Mennoniten. Vor zweihundertfünfzig Jahren hat sie Katharina II. nach Rußland in die Ukraine gerufen, im Jahre 1922 mußten sie unter dem Druck Stalins wieder gehen. Viele wanderten nach Kanada aus, wo es bereits Mennonitensiedlungen gab. Er zeigt Bücher, die er geschrieben hat, von der Besiedlung der Ukraine und vom Aufschluß der kanadischen Prärieprovinzen. Stolz hebt er hervor, welch wichtige und auch anerkannte Rolle Mennoniten bei der Kultivierung der Prärie gespielt haben und welch wichtiger Faktor sie heute noch sind.
Sie zeigen uns ihre Felder, ihre Rinderherden, die Bewässerungsanlage. Und am Abend Fotos von den preisgekrönten Rindern auf der Stampede in Calgary.
Wir fahren mit dem Auto herum. Wie groß die Farm ist? So sechsunddreißig mal sechsunddreißig Kilometer. Doug schlägt die Gitarre und singt Lieder von Bob Dylan.
Wir lernen noch weitere Familienmitglieder kennen. Sie nehmen uns mit, nach Saskatoon. Und auch dort sprechen wir über Mennoniten, über Siedlungen in der Ukraine, über Kanada und über landwirtschaftliche Probleme, alles in Ostpreußisch. Nur Gerry, den wir nicht antreffen, wird wohl etwas Alemannisch abbekommen. Er studiert in Freiburg Literatur und möchte Bücher über die Geschichte der religiösen Verfolgung schreiben. Wir üben dafür Lassowerfen.
Der Abschied fällt uns schwer. Großvater Koop hält lange unsere Hände, als wären wir schon immer seine Freunde gewesen.

Wir rollen dann wieder über die Prärie. Bei der Suche nach einem Schlafplatz bleiben wir eines Abends im Sumpf stecken.

Wir schaufeln und schieben, versuchen es mit einem Truck. Das Seil reißt. Wir fordern einen Kran an. Der zieht uns dann heraus. In Zukunft wird einer vorausgehen, wenn wir über eine Wiese fahren.
Aus der Prärie taucht eine bläulich und weiß blitzende Wand auf: Das Felsengebirge.
Und die Straße schwingt sich hinein in das Kanada der Postkarten: Gletscherreigen, dunkle Tannenwälder, grünschimmernde Seen, sprudelnde Bäche, tosende Wasserfälle.
Wir ziehen uns einige Tage in die Wildnis zurück. Am Kananaskis River finden wir einen Campingplatz, der unsere Sehnsucht stillen kann. Über uns gleißender Schnee, neben uns der schäumende Fluß und zu unseren Füßen ein wärmendes Lagerfeuer. Einmal schneit es, dann regnet es Bindfäden. Wir wandern, angeln, grillen Fisch und dicke Steaks, wir verbrennen meterweise Holz, bis die Sonne wieder scheint. Stundenlang spielen wir mit Erdhörnchen, die in Scharen den Wald bevölkern, und wir wissen hernach nicht, wer nun wen zu dressieren versucht: wir sie oder sie uns. Eines Abends erschreckt uns ein Elch, der plötzlich riesengroß vor uns steht. Wir verharren regungslos, bis er das Interesse an uns verliert und seines Wegs geht.
Die öffentlichen Campingplätze Albertas kosten nichts. Trotzdem ist dieser Platz hier kaum belegt. Flußabwärts campiert unsichtbar und unhörbar ein Einsiedler mit seinem Hund, etwas stromauf die Familie Herz, seit 1912 in Kanada, und diesesmal mit bayrischem Dialekt. Dieses Land bietet Platz, selbst im Sommer, wenn Hochsaison ist, und an Orten, die wegen ihrer Schönheit der ganzen Welt bekannt sind: Die Eisfeldstraße von Jasper nach Banff war für europäische Verhältnisse wenig befahren.
Unsere Lebensmittel verschließen wir immer sicher im Wohnmobil. Die Abfälle kommen in die kleinen Stahlhäuser, die man in Kanada auf Campingplätzen findet. Das Risiko durch das duftende Steak auf der offenen Glut muß man in Kauf nehmen. Aber was tut man, wenn jener gefährliche Räuber kommt?
Ein Prospekt der Provinz Alberta, überall kostenlos erhältlich,

gibt darüber Auskunft: Man rede beruhigend auf ihn ein und wende sich unauffällig einem kräftigen Baum zu, den man dann zu erklettern hat. Die Indianer belehren weiter, aber ohne Prospekt: Wenn er dir folgt, ist es ein Schwarzbär, wenn er sich den Baum herunterholt, ist es ein Grizzly.
Wir brauchen die Ratschläge nicht zu prüfen. Immer wenn wir Bären sehen, sitzen wir im Auto oder sind sprungbereit vor der geöffneten Tür, um nach dem Foto sofort wieder hinter das schützende Blech zu gehen. Ob das Auto ein zuverlässiger Schutz ist, bezweifeln wir erst in Alaska. Der Grizzly, der sich da aufrichtet, ist drei Meter groß.

Die Stampede in Calgary soll ein richtiges Volksfest werden. Doch haben sich die Bierbrauer just diese Zeit gewählt, um in einen Streik zu treten. Alkohol kann man in Kanada nur in bestimmten staatlichen Alkoholgeschäften kaufen, nicht etwa in Lebensmittelläden. Und die Staatsregale sind leergefegt, es gibt kein Bier. Ein Geheimtip spricht sich aber schnell herum: der Deutsche Club habe gehortet. Offenbar haben die Deutschsprachigen einen besonderen Draht zu den Bierbrauern und rechtzeitig von dem Streik erfahren. Bei ihnen fließt Gerstensaft in Strömen, und sie hatten noch nie so viele Gäste.
Um das Volksfest nicht zu gefährden, entschließen sich die staatlichen Bierverwalter, Ersatz aus den Vereinigten Staaten, aus Deutschland und aus Frankreich zu beschaffen. Man kann sich in Kanada aber nicht einfach an den Campingtisch setzen und den Sommertag mit „einer Halben" genießen. Öffentliches Trinken von Alkohol ist in den meisten Provinzen verboten. Es darf nur in besonders lizensierten Lokalen getrunken werden, und da kommt es bisweilen vor, daß ich beweisen muß, daß Inge meine Frau oder doch wenigstens volljährig ist. Selbst das Herumtragen von Alkohol enthaltenden Flaschen ist nicht erwünscht. Wenn man im staatlichen Laden also eine Flasche Wein kauft, wird sie einem so gut verpackt, daß niemand draußen erkennen kann, was man hier getan hat, und man schleicht sich voll Scham zu seinem Auto zurück.

Trotzdem wird in Kanada getrunken wie anderswo auch. Selbst wenn es keine Biergärten gibt, die Leute strömen fröhlich zur Stampede. Sie beginnt mit einem Umzug. Jeder Verein der Stadt und der Umgebung ist mit einem Wagen oder einer Reitergruppe vertreten. Besondere Attraktionen sind natürlich die Indianer in prächtigen Kostümen und hoch zu Roß und die Cowboys mit schwingendem Lasso. Zwei Stunden Beifall und verrücktes Kreischen.
In der Arena sammeln die Cowboys Punkte beim Zureiten von wilden Pferden und beim Chuckwagon-Rennen. Da gehen Pferde wiehernd in die Luft, da spritzt der Dreck, da bricht auch mal eine Achse und einer liegt zwischen Pferdebeinen im Schlamm. Und statt einer Siegesprämie von zehntausend Dollar kommt der Sanitätswagen angebraust. Die Cowboys sind nicht zimperlich, und das Auto aus dem Krankenhaus kommt oft.
Neben der Arena stehen zwei Indianerdörfer. Die federgeschmückten Krieger stellen sich gern zu einem Foto neben den Touristen. Der Häuptling der Schwarzfußindianer hält eine Rede, berichtet von den großen Taten seines Volkes und von dem großen Häuptling Krähenfuß, der den Schwarzfußindianern den Frieden gebracht hat. Und das wünscht er dem großen Land Kanada, den Frieden, und auch allen anderen Völkern.
Dann tönen die Trommeln, und gellender Gesang brandet zwischen den Zelten. Das Volk der Schwarzfußindianer zeigt den Tanz der Kaninchen.
Wer keine Cowboys und Indianer sehen will, hört sich auf dem Rummelplatz die Band aus Las Vegas an. Bei der Supershow am Abend, mit großem Orchester und großem Chor, mit Gesangsolisten und riesigem Ballett, wird sogar ein Flugzeug aufgeboten. Es kreist über der Bühne und läßt ein prasselndes Feuerwerk ins Finale abbrennen.
Ein Wirtschaftsjournalist fragt den Wirtschaftsminister in seiner Ehrenloge, was die kanadische Regierung gegen die weltweit zu befürchtende Energieverknappung zu tun gedenke.
„What's that?" ist die Antwort. Der Liter Benzin kostet 28 Pfennig. Oh, gemütlicher, kanadischer Westen...

Dieser Campingplatz, etwa 90 Kilometer nördlich von Chibougamau, liegt mitten im Urwald. Bei Ausflügen in dem Seengewirr ist Vorsicht ratsam: Man verirrt sich leicht im Mistassinigebiet.

Am Kananaskis River

Schwarzfußindianer beim Tanz der Kaninchen

Freiheit, Gold und Dawson City

Gemunkelt wurde damals schon lange davon. Ein englischer Missionar prahlte, es gleich klumpenweise aus dem Bach gelesen zu haben. Entdeckt wurde es sicher am 17. August 1896 von den Indianern Jim Skookum, Charley Tagish und dem Weißen George Washington Carmack: Gold im Yukon!
Zehntausende brachen auf, um das gelbe Metall aus den eisigen Wassern zu waschen, es aus der ewig gefrorenen Erde zu kratzen, und Zehntausende kamen um. Zu hart war dieses Land und grausam bestrafte es den, der die Strapazen unterschätzte. Die den Qualen nicht erlagen, kamen meist zu spät an.
Trotzdem schoß am Zusammenfluß von Yukon und Klondike die Siedlung Dawson City aus dem Boden und wurde binnen weniger Monate zu einer Stadt von dreißigtausend Einwohnern. Sie alle wollten über Nacht reich werden.
Man richtete Schiffslinien von Whitehorse nach Dawson City ein. Bald pendelten Raddampfer zwischen beiden Orten auf dem Yukon. Sie brachten alles, was Goldschürfer brauchten, aber auch das, was sie nicht brauchten. Nahrungsmittel, Alkohol, Werkzeuge, Pferde, Glücksspieler, Mädchen und Halunken. Auch Jack London kam. Als er mit der Goldsuche kein Glück hatte, steuerte er eine Zeitlang den Raddampfer KLONDIKE. Nebenher schrieb er Bücher über die Leute, die er dort traf und über deren abenteuerliches Leben. Wir haben seine Romane im Gymnasium im Deutschunterricht lesen dürfen!
Der Schießkünstler Arizona Charlie Meadows baute das Palace Grand Theater, und die Tänzerin Diamond Tooth Gertie errichtete einen Spielsalon. Klondike Kate wurde die berühmteste Cancan-Tänzerin und Dawson City für kurze Zeit der Mittelpunkt der Welt. In den Spielhöllen wurden Vermögen verpokert. Aus dem Klondike wusch man immerhin Gold im Wert von 1200 Millionen Mark. Genug Geld, um auch eine kleine Yukon-Armee zu unterhalten, welche die Grenze zu Alaska sichern sollte.

Wer den Glauben an die Geschichte vom großen Glück noch nicht verloren hat, und wer von einem abenteuerlichen Leben in der Freiheit der Wildnis träumt, stößt auch heute noch auf Dawson City.

Strategische Überlegungen der Vereinigten Staaten führten 1942 zum Bau des 2460 Kilometer langen Alaska Highway. Er wurde von 18.000 US-Soldaten und kanadischen zivilen Kräften in nur neun Monaten fertiggestellt. Später kamen der Klondike Highway mit 536 Kilometern und der Taylor Highway mit 273 Kilometern hinzu. Seit jener Zeit kann man mit dem Auto an den Yukon und nach Alaska fahren, und der Weg nach Dawson City hat seine Schrecken verloren.

Allerdings ist es nicht ratsam, einfach einzusteigen und den Zündschlüssel herumzudrehen. Diese Straßen sind keine Autobahnen und führen immerhin in die Wildnis. Sie sind nicht asphaltiert, sondern haben auf festem Kiesgrund eine Oberfläche aus Schotter, Sand oder festgefahrener Erde. Das bedeutet bei Sonnenschein kilometerlange Staubfahnen hinter Lastwagen und bei Regen Schlamm, so glitschig wie Glatteis, der außerdem noch den Auspuff verstopft. Am Morgen tastet man sich durch Staubfahnen wie durch einen Nebel, bei 29 Grad Celsius, am Nachmittag gießt es sintflutartig und du gleitest an haarsträubenden Abhängen vorbei. Das Thermometer ging inzwischen auf fünf Grad zurück. Und Steine gibt es, entweder spitz in der Straße als Reifenkiller oder in der Luft als Geschosse gegen dein Auto. Diese Straßen sind auch nicht eben. Schlaglöcher und Spurrinnen sind die Regel und zerren den Wagen gefährlich in die Nähe der Abgründe.

Man prüfe sein Fahrzeug also vor Antritt dieser Fahrt sehr kritisch: Reifen, auch das Reserverad, Lenkung, Scheinwerfer, Luftfilter und andere mögliche Schwachstellen. Das Bordwerkzeug muß einsatzfähig sein. Man sollte sowohl ein Rad als auch einen Luftfilter auswechseln können. Man braucht einen Reservekanister mit Benzin. So manch eine in der Karte verzeichnete Ortschaft entpuppt sich als einsame Blockhütte im Wald.

Zum Schluß baut man sich ein Schutzgitter vor Windschutz-

scheibe und Scheinwerfer. Versuche es nicht ohne, weil dich der Draht vor den Augen nervt. Du kommst nicht weit. Wir haben viele Autos am Wegrand mit zertrümmerten Windschutzscheiben stehen gesehen.
Wenn das Auto in Ordnung und man bereit ist, Beulen in der Karosserie hinzunehmen, kann man diese Straßen fahren. Mit *jedem* Auto. Dann *muß* man sie auch fahren, denn sie führen dich in die großartigsten subarktischen Landschaften, die mit dem Auto überhaupt zu erreichen sind!
Hier ist noch das Abenteuer! Wisch dir nicht die Augen, wenn hinter Wonowon ein Indianer in Lederkleidung mit der Flinte in der Hand am Wagen auftaucht. Der ist nicht vom Film. Der ist echt. Er wird dich anlachen, mit der Hand winken und im Busch verschwinden. Hier haben auch die Leute vom Straßenbau ein Gewehr dabei.
Bereits vor Fort St. John erfährst du, wie urweltlich ein Fluß aussehen kann, wenn du den Peace River überquerst. Ab Wonowon aber dröhnt es in der Karosserie: Schotterstraße, auf fünftausend Kilometer. Mehr als sechzig in der Stunde sind für uns nicht möglich. Weniger aber auch nicht, man muß über den Löchern „schweben". Damit erzielen wir immerhin den beachtlichen Schnitt von fünfzig Kilometern in der Stunde.
Kommt einem ein Lastwagen entgegen oder will einer überholen, dann gilt es, sofort rechts heranzufahren! Aber vorsichtig, besonders bei Regen, manchmal fehlt ein Stück der Straße, ohne Hinweisschild. Der Lastwagen hat ein stabiles Fahrwerk und fährt hundert. Er hat Vorfahrt. Immer! Wenn er bremsen würde, schleuderte er unbedingt in den Sumpf.
Manchmal stehen Verkehrszeichen am Straßenrand: Achtung, Schlaglöcher! Sie wirken wie Hohn. Doch herunter mit der Geschwindigkeit und im Schritt an die Stelle heran! Jetzt kommen Löcher, die das Auto gefährden. Wenn in der Kurve die Geschwindigkeit auf dreißig begrenzt ist, kann sie nicht schneller gefahren werden, verlaß dich darauf! Schalte in den ersten Gang, wenn das Verkehrszeichen es befiehlt: jetzt kommt eine steile Abfahrt! Das Zeichen steht nicht zum Spaß da und es

erlaubt keine Toleranz. Die zugelassene Höchstgeschwindigkeit von achtzig Kilometern in der Stunde erreichen wir so gut wie nie. Aber wer will in solch einer Landschaft rasen?

Wald und Wald und Wald, endlos, dazwischen Sümpfe, wildschäumende Bäche, Wasserfälle, dunkle, schnell dahinfließende Ströme in Urtälern, die von gewaltigen Pranken aufgerissen wurden. Ungetüme aufgetürmt, mit weiß glitzernden Kappen. Gezackte Riesen schützend um verwunschene, smaragdgrüne Seen. Wilde Pferde auf der Straße. Wann haben sie Lust, sie wieder freizugeben? Bergziegen. Dort ein Hirsch! Ein Stinktier. Schwarzbären am Wildwasser! Das ist kein Zoo. Wir überqueren den Liard River.
Auf der anderen Seite des Stromes weist uns ein Holzschild zu heißen Schwefelquellen. Wir marschieren auf Bretterbohlen durch ein märchenhaftes Sumpfgebiet. Im grünlichen Schimmer von Moos, Riesenfarnen und Koniferen liegt das Naturbassin. Dampf steigt auf. Es riecht nach Schwefel. Einzelne Sonnenstrahlen verirren sich im Dickicht und zünden zauberhafte Lichter an. Die heiße Quelle hat einen paradiesischen Garten geschaffen.
Wir tauchen vorsichtig ins Wasser. Die Temperatur im Bassin liegt bei vierzig Grad. Wohlige Entspannung breitet sich im Körper aus. Kein Eintritt. Kein Kurkonzert. Irgendwo schnarrt ein Eichhörnchen.
Nach vier Tagen Alaska Highway erreichen wir Whitehorse, die glanzlose Hauptstadt des Yukon, eine Stadt aus Holzhäusern. Jeder Parkplatz vor dem Supermarkt hat eine Steckdose. Da müssen die Kunden im Winter ihre Autos anschließen, damit sie wieder starten können. Ohne Strom von außen würden die eingefrorenen Motoren bis zum Frühjahr nicht mehr anspringen. Die Hälfte aller Yukonbewohner lebt in der Hauptstadt. Sie hat dreizehntausend Einwohner. Die anderen dreizehntausend verteilen sich auf einem Gebiet von der anderthalbfachen Größe der Bundesrepublik.
Wir grillen Steaks hinter dem Haus des Möbelschreiners Alfred

Beierle. Warum er hier lebe, frage ich ihn, am Rande dieser Stadt, am Busch.
„Schau dir meine Kinder an", lächelt er. Übermütige, braungebrannte Rangen tollen schreiend in der Sommersonne. Ein Junge und drei Mädchen, mit der Fröhlichkeit der Sommerferien im Gesicht. Atemlos kommen sie ans Feuer.
„In Deutschland bekam ich kaum eine Wohnung und immer Ärger mit den Nachbarn, wenn die Kinder vor dem Haus Rollschuh liefen."
Seine Frau pflichtet ihm bei. Selbst der Winter sei angenehm im Yukon, mit frostiger, klarer Luft. Sie findet Wölfe schön und hat nur Respekt vor Grizzlys, weil sie das Autofenster eindrücken können.
„Man lebt hier freier", sagt sie.
Iris und Alfred führen uns ins „heiße" Nachtleben von Whitehorse, zu „Hank's Place", in einen Keller, wo Hank Carr mit seiner Band Wildwestmusik macht. Alfred ist hier kein Fremder. Die Männer tragen alle Vollbärte. Das sei im Yukon so üblich. Jeder hat vor sich drei volle Flaschen Bier stehen. Auch das sei im Yukon so üblich.
„Wer hier wohnt, hat einen Vogel", räumt Alfred nach der ersten Flasche ein.
Eine Indianerin tanzt allein auf der Tanzfläche. Sie möchte das Lied „Canadian sunset" hören. Dagegen erhebt Alfred Beierle Einspruch. Er hätte Gäste aus Deutschland, und die Kapelle möchte gefälligst erst ein paar deutsche Lieder spielen. Also hören wir „Lilli Marlen" und andere, schon etwas ältere Exportartikel der heimischen Musikbranche. Hank legt dazwischen seine Gitarre auf den Schemel und stellt uns den anderen Gästen vor. Die Gruppe Indianer an einem Ecktisch übersieht er. Und die Indianerin tanzt auch nach deutscher Musik allein.
Alfred nimmt uns am nächsten Abend zu der Party des Iren McGivern mit. Die Tochter Betty hat Geburtstag. Sie trägt ein knappes T-Shirt über der strammen Brust, mit der Aufschrift „Bumper to Bumper". McGivern stellt sich als der beste Polsterer vom Yukon vor.

„Es gibt nur einen", fügt er lachend hinzu.
Ich frage ihn, warum er denn in solch einer rauhen Gegend lebe. Seine Frau antwortet an seiner Stelle, ziemlich scharf: „Weil sonst unsere Kinder britische Soldaten umbringen müßten."
Sie trinken Whisky, wasserglasweise, und mit jedem Glas werden ihre Lieder immer schöner. Iren scheinen ihre Musikalität auch bei übermäßigem Alkoholgenuß nicht zu verlieren. McGivern schenkt uns zum Abschied den „Ulysses" in Englisch.

Wir rollen zwei Tage lang auf dem Klondike Highway nach Norden. Die Tundra reicht immer tiefer ins Tal. Wie einsame, schwarze Soldaten bewachen verkrüppelte Fichten die Baumgrenze. Weiter unten wachsen buschhohe Pappeln, in fahlem Lichte.
Wir übernachten am Yukon. Schweigsam und dunkel eilt das Wasser dahin. Das monotone Tropfen des Regens macht die Stille hörbar. Die Ruhe dieser Öde überträgt sich auf uns, und wir wagen nur noch zu flüstern.

Goldsucher, Hippies, Indianer, Fischer, auch Trapper und Touristen. Manche sind sowohl als auch: Goldsucher und Trapper oder Tourist und Hippie. Das ist Dawson City, mit achthundert Weißen und vierhundert Athabasken. Die Weißen geben sich recht trinkfest, bei den Roten sind viele alkoholkrank.
Wenn man die Weißen fragt, warum sie hier sind, bekommt man immer die gleiche Antwort.
„Die Freiheit der Wildnis", sagt Toni, ein Fischer aus Österreich. Und was meint er damit? Aber mehr will er nicht sagen. Toni lebt seit dreißig Jahren im Yukon und haust in einer Hütte am Fluß. Er verkauft Lachse für drei Dollar das Pfund an Touristen, die mit rollenden Dreizimmerwohnungen hierhergefahren sind.
Wir kaufen den Lachs einem Hippiemädchen ab, für einen Dollar das Pfund. Sie hat ihn von einem Indianer bekommen. Der Lachs ist frisch und duftet über der offenen Glut.
Im Downtown Hotel ist etwas los. Jean-Luc, frankokanadischer

Riese im Trapperkostüm und mit roter Nelke im Haar — woher er die hat? — brüllt zur nächsten Runde. Frauen kreischen. Ein Indianer fällt um. Seine Freunde tragen ihn behutsam hinaus. Gelächter. Und Joe aus Kalifornien mit dem Banjo, Felix aus Deutschland mit der Gitarre und Pierre aus Montréal mit der Fidel. Hillibillie in rauchgeschwängerter Luft. Susan aus Whitehorse singt mit tragender Stimme das Lied vom schönen Arkadien. Sie tanzen, wie die Métis mit ihren Indianermädchen getanzt haben mögen, vor hundertfünfzig Jahren, als es noch keine Bauern westlich der großen Seen gab. Sie können sicher sein, nach Dawson werden nie Bauern kommen, um die Wälder abzuholzen. Und Jean-Luc schmust mit dem Athabaskenmädchen Ireen, das sei Trapperart, Indianerhaut sei zarter.
„Und was macht ihr im Winter", frage ich Susan.
„Was schon", lacht sie, „heizen und lieben."
Sie ist schmal und blond und so zerbrechlich, daß ich mich frage, woher sie die Stimme nimmt. Wenn sie nicht singt, verkauft sie Souvenirs an Touristen, Handarbeiten, die sie mit ihrem Freund zusammen bastelt. Ich habe bisher geglaubt, daß nur derbe Frauen arktischen Eisstürmen trotzen könnten.
Es wird nicht Nacht in Dawson City. Um ein Uhr morgens ist es noch hell draußen. In Diamond Tooth Gerties Spielsalon schwingen Mädchen mit Jauchzen ihre Beine. Ein Pianist hämmert Jaques-Offenbach-Melodien. Die Nachbildung von Klondike Kate singt Lieder von Männern mit Bärten und Gewehren. Unten sitzen sie mit steinernen Gesichtern an den Spieltischen: Goldwäscher, Hippies, Fischer und Touristen. Keine Indianer. Vermögen werden wohl nicht mehr verspielt werden. Die Minen an Klondike und Bonanza Creek geben nur so viel her, daß man bei harter Arbeit gerade davon leben kann.
Gleichwohl geistert die Geschichte durch die Stadt, einer hätte neulich Gold für zwanzigtausend Mark gewaschen, an einem Tag. Sogar Susan glaubt an diese Sache. Doch wer der Glückspilz ist, kann niemand sagen.
Auch wir probieren es in Gustav Heitmanns Mine. Wir karren den Dreck aus dem gefrorenen Stollen und waschen ihn im

eisigen Wasser. Die Hände werden steif und der Rücken beginnt zu schmerzen. Welcher Mensch bekommt kein Herzklopfen, wenn er das gelbe Metall sieht? Wir werden fündig. Ein Hauch von Goldstaub bleibt jedesmal in der Pfanne zurück!
Da geistert auch in unseren Köpfen die Geschichte vom glücklichen Wäscher.
Ein Claim würde nur zehn Dollar kosten!

Dort, wo das Fischweibchen laicht

Das Wasser des Baches schäumt grün und weiß über Steine. Es ist durchsichtig wie Glas. Und ich traue meinen Augen nicht.
„Die kann man ja mit der Hand fangen!"
Rote Fischleiber stehen unbeweglich in der Strömung. Zehn, zwanzig, hundert...
Wo Lachse schwimmen, sind auch Bären.
Ich greife hinein. Der Lachs macht nur eine knappe Bewegung und steht dann wieder regungslos – neben meiner Hand. Ich versuche es noch einmal. Es strengt den Fisch nicht einmal an.
„Indianer mußt du sein", sagt Andy.
„Sogar Bären fangen Lachse mit der Pfote", spottet Inge.
„Dabei hat er Glück gehabt", meint Andy.
„Wieso?" möchte ich wissen. „Weil kein Bär mir zugesehen hat oder weil ich nicht ins Wasser gefallen bin?"
„Weil du keinen gefangen hast", antwortet Andy. „Diese Lachse sind rot. Die kannst du nicht essen."
„Aber alle Lachse sind doch rot!"
„Das Fleisch ja. Aber die Haut muß silbrig sein. Wenn sie rot ist, fängt der Fisch schon an zu verwesen, und sein Fleisch ist ungenießbar. Ich habe einen aus dem Inlet geangelt. Den schenke ich euch."
Der Wind hat den Nebel weggeweht. Alaska hat vier Farben. Grün die Fichten, die den Hang hinaufwachsen, weiß die Gletscher, die sich durch die Fichten schieben, blau der Himmel und die Meeresarme, und rot – das Feuerkraut. Wie Feuerzungen begleiten sie links und rechts die Straße und machen aus Wiesen im Sonnenschein rotglühende Felder.
Wir folgen Andy dem Weg am Bach entlang und erreichen den Strand. Vorne, am Wasser, steht unser Auto auf dem Kies. Daneben parkt Andys Truck.
Wir leben hier seit einigen Tagen, auf der Nordseite der Kenai-Halbinsel, die sich in den Golf von Alaska hineinschiebt, am Cook-Inlet, der als schmaler Fjord ins Land schneidet. Auf der

anderen Seite glänzt die vereiste Aleutenkette, mit einigen silberweißen Kegeln, die über viertausend Meter hoch sind. Über einem dieser Berge steht immer eine Rauchfahne. Der Hamna-Vulkan.
Andy hat uns das verbrannte Dach seines Trucks gezeigt. Das sei der Vulkan gewesen. Er habe vor zwei Jahren die ganze Gegend mit heißer Asche überschüttet, und im Inlet sei eine neue Insel entstanden.
Andy schenkt uns also den Fisch. „Ich habe zu Hause auch geräucherte. Heute abend bringe ich einen mit. Und jetzt hab ich zu tun."
„Danke, Andy. Wir spendieren dann den Wein."
Er geht über den Strand und beginnt schwarze Gesteinsbrocken aufzusammeln, die da herumliegen. Schnaufend schleppt er sie zu seinem Wagen.
„Was machst du denn da?"
„Ich sammle die Kohle für den Winter."
„Ist das Kohle?"
„Und was für gute! Wenn so ein Brocken erst einmal glüht, geht er drei Tage nicht mehr aus. Das Meer wäscht uns die Kohle aus dem Flöz und legt sie bei Ebbe auf den Strand. Wir heizen hier alle damit. Macht euch doch auch ein Kohlenfeuer, um die Lachse zu grillen. Dann braucht ihr euch tagelang nicht mehr um das Feuer zu kümmern."
Schwarze, mattglänzende Steinkohle liegt hier einfach so herum.
Neben der Bachmündung ist ein kleiner Hafen. Auf dem Berg darüber stehen eine Holzkirche und einige Holzhütten. Die Ortschaft heißt Ninilchick.
Eine Flotille Fischkutter läuft ein. Die Männer auf den Booten tragen rote Kittel, schwarze Hosen und die Frauen bunte Röcke und Kopftücher. Es sind auch Kinder an Bord. Als sie die Fische abladen, rufen sie sich scherzende Worte zu.
„Das sind ja Russen! Aber es ist doch schon lange her, seit sie Ninilchick gegründet haben. Bestimmt zweihundert Jahre."
Andy klärt uns auf: „Die Russen, die Ninilchick gegründet

haben, sind schon längst mit der anderen Bevölkerung vermischt. Vielleicht bin ich russischer Abstammung. Könnt ja sein. Jene dort sind in den zwanziger Jahren eingewandert. Die Vereinigten Staaten haben ihnen Asyl gewährt. Es sind ein paar tausend Leute, ein fleißiges Fischervolk, das fast nur auf dem Meer zu leben scheint. Und sie halten treu an ihrer Sprache und an ihren Sitten fest."

Als der Russe Fjodorow 1732 durch die Beringstraße segelte, sichtete er im Osten Land. Rußland beauftragte daraufhin den Forscher Vitus Bering, in einer „Großen Nordischen Expedition" der Sache nachzugehen. So wurde Alaska zu Russisch-Amerika.
Fünfzig Jahre später wurde die erste Siedlung gegründet, und russische Pelztierjäger begannen, den Tierreichtum des Landes auszubeuten.
Doch Alaska war weit, und Zar Alexander II. hatte nach dem verlorenen Krimkrieg andere Sorgen. Um die aus Kanada vordringenden Engländer herauszuhalten, bot er den Amerikanern das kalte und wertlose Land zum Verkauf an. Der damalige Außenminister der Vereinigten Staaten, William Henry Seward, ging auf den Handel ein, und Amerika kaufte 1867 den Russen „Alyasca", das „große Land", für 7,2 Millionen Dollar ab. Die Opposition der Staaten schimpfte fürchterlich: es sei das „schlechteste Immobiliengeschäft aller Zeiten".
Davon spricht heute niemand mehr. Der Zar hatte der künftigen Supermacht eine Schatzkammer voll mit Erdöl, Kohle, Gold, Silber, Kupfer, Blei und Platin geschenkt. Welch militärischen Vorteil er aufgab, muß hoffentlich nie bewiesen werden.

Alaska ist ein Männerland. Jäger, Ölsucher, Spekulanten und Abenteurer kommen meist ohne ihre Frauen hierher. Dafür gibt es viel Freizügigkeit und in den Städten entsprechende Lokale, in denen dafür gesorgt wird, daß die Einsamen sich nicht zu sehr vom anderen Geschlecht entfernen. In Anchorage steht eine Kneipe an der anderen. Ein Bier kostet einen Dollar. Auf den

Tischen tanzen importierte Mädchen zum Discosound. Sie tragen nichts anderes als ein Armband und zeigen unter johlendem Beifall ihre Reize so nah und in der Pose, wie der Gast es möchte. Die einheimischen Mädchen, Eskimos und Athabasken, halten nichts davon, sich so öffentlich zu zeigen. Sie hocken mit ihren Stammesgenossen an der Bar und trinken mit ihnen um die Wette.
Wer nicht mithalten kann, fällt vom Hocker und wird diskret hinausgetragen. Vor den Türen der Kneipen bilden sich Haufen von Menschenleibern, Eskimos und Indianer, Frauen und Männer, die übereinandergestapelt auf dem Bürgersteig liegen. Manchmal gelingt es einem, da hervorzukriechen und in die Bar zurückzutorkeln. Wenn der Mensch wieder stehen und bezahlen kann, bekommt er, was er will.
„Das ist ja furchtbar", empört sich Inge.
„Warum?" fragt der Mann hinter der Theke. „Wir sind ein freies Land."

„We are the top of America", sagt New-ya-puk. „Wir haben aber auch die meisten Trunksüchtigen."
Sie ist eine junge Eskimofrau, mit kurzgeschnittenen, schwarzen Haaren, blitzenden Augen und vollen Lippen. Sie erzählt, daß die Mitglieder ihrer Gruppe zwar fleißig aus Seifenstein und Walroßzähnen Figuren schnitzten und gut verkauften, daß auch die Erlöse für Felle immer besser würden, daß die Eskimos aber nichts Gescheiteres wüßten, als sich für den Ertrag ihrer Arbeit flugzeugweise Whisky kommen zu lassen.
New-ya-puk ist eine hübsche Frau. Sie möchte, daß wir sie besuchen kommen. Man kann aber nicht mit dem Auto hinfahren, und zu Fuß würden wir es nicht schaffen. Vielleicht im Winter, wenn man mit dem Schneemobil hinkommt.
Sie wohnt „Dort, wo das Fischweibchen laicht".

Es gibt noch Benzin in Kalifornien

Heftige Schauer prasseln gegen die Windschutzscheibe. Böen schütteln den Wagen. Das Lenken wird schwierig. Unter dem Druck der Regenwasser bewegen sich träge die Kronen der Helmlocktannen und Douglasfichten. Zedern lassen ihr Grün nach unten hängen, wenn nicht ein Windstoß sie aufscheucht. Moos ist an den Baumstämmen emporgekrochen. Von den Zweigen hängen parasitäre Gewächse.
Manchmal ist eine Lücke im Wald. Zwischen Farnen und Riesenzypressen sehen wir dann den grollenden Pazifik. Am Strand liegen unzählige rote und weiße Baumstämme. Sie sind sauber von der Rinde befreit und glatt geschliffen. Kunsthandwerk des Ozeans.
Wir fahren auf der „One-O-One", der Straße Nummer 101, die von Port Angeles in Washington nach Los Angeles in Kalifornien führt, durch die Regenwälder von Washington und Oregon, immer an der pazifischen Küste entlang. Der Vulkan St. Helens versteckt sich hinter Wolken. Niemand ahnt, daß dieser Berg ein halbes Jahr später mit der Kraft von 35 Megatonnen explodieren wird, daß die Tage der Menschen, die hier leben, gezählt sind.

Hinter uns liegen sonnige Wochen in Britisch-Kolumbien. Ein heiteres Vancouver lud uns zu Grillparties an lauen Abenden ein, zu aufreizender Soulmusik in Gastown — wir fanden viele Freunde.
Die Restaurants im Chinesenviertel setzten neue Maßstäbe, auch den deutschen Köchen in der Robsonstraße, und unter den Totempfählen entdeckten wir staunend einmal mehr die Kunstfertigkeit der Ureinwohner dieses Kontinents.
Wir waren uns mit anderen Globetrottern einig: Man fährt nicht wegen der kanadischen Städte nach Kanada. Aber Vancouver! Es ist die reizendste Stadt Kanadas und ganz sicher eine der schönsten der Welt. Liegt es am britischen Polizisten, am deut-

schen Mechaniker, am polnischen Schuhmacher, am italienischen Gemüsehändler oder am chinesischen Koch? Oder ist es das milde Klima? Wer schuf diese heitere Atmosphäre, diese großmütige Toleranz?
Die Hauptstadt Britisch-Kolumbiens auf der Vancouver-Insel, Victoria, wirkte so gemütlich und einladend, als ob die Briten damals nur ihr Bestes mitgebracht hätten. Blumengeschmückte Laternen, Straßenmusikanten und der übersichtliche Verkehr einer Kleinstadt. Im Hafen unterseeische Gärten mit Korallen und einem Riesenkraken, daneben das königliche Wachsmuseum von Josephine Tussaud. Vor dem Parlament paradierten zackig Soldaten in roten Röcken und mit Bärenfellmützen auf dem Kopf.
Bedrückt schauten wir vom Schiff aus auf den Smog, der über Port Angeles lag. Der amerikanische Grenzbeamte fragte uns auf deutsch, ob wir einen Revolver mit uns hätten. Ein wenig wehmütig schauten wir zurück nach Kanada. Dann fing es an zu regnen.

Es regnet tagelang. Klitschnaß waten wir über weite, menschenleere Strände und wandern durch triefendes Grün des Waldes. Es regnet auch noch, als wir auf der 6,5 Kilometer langen Brücke über den Columbia nach Astoria fahren. Doch dann reißt die Wolkendecke auf, und der Sommer kehrt zurück.
Auf der Straße stehen Gemüsehändler. Sie verkaufen frischgepflückte Tomaten und noch tropfenden Salat. Wir dachten, es gäbe nur Supermärkte in Amerika.
Je weiter wir nach Süden fahren, um so trockener wird das Klima. Der Wald lichtet sich, die Bäume recken sich höher in den Himmel, und das Gras bekommt eine goldene Farbe.
An Tankstellen finden wir häufig ein Schild: „Sorry — no gaz — Wir haben leider kein Benzin." Anscheinend ist die Benzinverknappung aber nicht so dramatisch, wie uns das Radio jeden Tag glauben machen will, denn die Tankstelle ein paar Blocks weiter verkauft uns den Treibstoff. Sogar in der gewünschten Menge und ohne von uns zu verlangen, das Auto waschen zu lassen. Die Schlange vor den Zapfsäulen ist nicht länger als an

einem Sommersonntag daheim, wenn alle an den Bodensee fahren wollen. Und – mit vierundvierzig Pfennig je Liter Normalbenzin sind wir noch bestens bedient.
Als wir an die Grenze von Kalifornien kommen, stehen wir vor einem Schlagbaum und vor uniformierten Männern.
„Wir sind doch in den Vereinigten Staaten?" fragt Inge erstaunt.
Das sei in der Tat so, erklärt einer der Beamten freundlich. Er würde auch keine Zollkontrolle durchführen, sondern unser Auto „nur" auf mitgeschleppte Pilze und Insekten untersuchen. Im Norden Amerikas seien große Waldbestände vernichtet worden. Das möchte Kalifornien verhindern.
Die Beamten inspizieren gewissenhaft unseren Kühlschrank und unsere Gemüsekörbe. Dann erlaubt er uns freie Fahrt zur Einreise ins goldene Kalifornien...

...in einen märchenhaften Wald von Riesenbäumen. Majestäten, hundertzwanzig Meter hoch und sechs Meter dick, Rotholzzedern, die kaum Licht auf den moosigen Boden lassen.
„Glaub es oder glaub es nicht", steht auf einem Schild, das an eine Zeder genagelt ist. In diesen Baum ist ein Haus geschlagen, mit Türen und Fenstern und drumherum ein Garten. Das Haus besteht aus dieser Zeder, und sie lebt!
An dieser „Avenue der Giganten" werden die Bäume etwa sechshundert Jahre alt. Weiter südlich, im Sequoia-Park, im „Wald der Giganten", leben die ältesten Wesen der Erde. Als Alexander der Große Persien eroberte, gehörten sie schon zu den Ältesten. Sie wurden wohl geboren, als die Ägypter in der zwölften Dynastie ihr goldenes Zeitalter erlebten: General Grant, an der Straße zum Kings Canyon, und General Sherman, unterhalb des Siliman-Crest-Tafellandes, an der Straße Nummer 198. Beide Mammutbäume sind zehn Meter dick und etwa viertausend Jahre alt. Man müßte sie fällen, um ihr genaues Alter festzustellen.
Daß dies nicht geschah und auch, daß große Teile der Sequoiawälder unter den Schutz der amerikanischen Bundesregierung genommen, zum „Nationalpark" erklärt wurden, verdanken wir

John Muir. Dieser Mann war ein Pionier des Naturschutzgedankens, der auch mit Worten umzugehen wußte. Ende des vorigen Jahrhunderts schrieb er an den Kongreß: „Ohne Zweifel würden diese Bäume gutes Holz liefern, wenn sie erst durch eine Sägemühle geschickt worden sind. Ebenso, wie auch George Washington eine gute Mahlzeit abgeben würde, wenn er in die Hände französischer Köche fiele."
Die Amerikaner haben die Mammutbäume nicht nur mit den Namen ihrer Bürgerkriegsgenerale versehen, sondern auch einen ganzen Wald nach diesem zynischen, aber erfolgreichen Naturschützer benannt.
So blieben große Gebiete in ihrer Ursprünglichkeit erhalten, und man kann nach ein paar Autostunden aus den Millionenstädten Kaliforniens — wo immerhin 35 Millionen Menschen leben — wilde Bären, Schneeziegen und Hirsche treffen.
Wir lassen uns an der Küste nördlich von Mendocino nieder und leben vierzehn Tage zwischen Fischern, Hippies und einer indianischen Familie. Die Indianer wohnen in einer Hütte aus Knüppeln, Reisig und Plastik. Die Fischer sind in biederen Wohnwagen mit Fernsehantenne zu Hause, während die Hippies in buntbemalten, manchmal zu recht grotesken Gebilden gebastelten Autos hausen.
Mit den Fischern können wir schnell Freundschaft schließen. Bald hilft der eine dem anderen, und sie schenken uns frischgefangene Sardinen und Abelone-Muscheln. Die blitzenden Muschelstückchen geben wir an die Blumenkinder weiter, die Kettchen daraus anfertigen. Es gelingt uns nicht, eine Verbindung mit den Indianern herzustellen. Der Kontakt beschränkt sich auf verhaltenes Winken und schüchternes Grüßen.
Neben uns plätschert ein Wasserfall in den Sand des Strandes. Er dient allen als Trinkwasserspender, und die Fischer behaupten, daß das Wasser sauberer als in Los Angeles sei.
Manchmal tauchen Nebelschwaden die Landschaft in silbriges Licht. Aber der Wind bläst sie dann immer wieder in die Berge, zu den Sequoiabäumen. Der Meeresstrom ist kalt und der Wind recht kühl, so daß die Sonne die Temperatur nie über 25 Grad

Straße durch unberührten Urwald:
Der Klondike Highway nach Dawson City.

Athabaskenmädchen

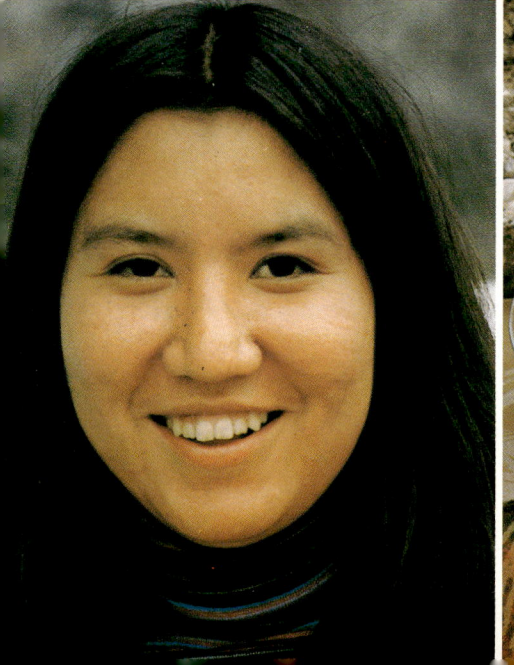

Der Goldstaub, der in der Pfanne zurückbleibt, regt eine gierige Fantasie an.

**Wüstenlandschaft an der Grenze von Nevada und Kalifornien.
Unsere Wohnung im goldenen Kalifornien.**

Navajoland

Straße ins Todestal

Durch den „Südwesten"

Der Apache Nathan

Blühende Wüste im „Südwesten"

bringt. Auf den Klippen strecken Seepelikane ihre Schnäbel in die Luft. Zwischen den Felsen, in langen Braunalgen, sieht man manchmal spielende Seeotter.

Mendocino ist eine locker gebaute Kleinstadt mit Schmuckboutiquen, Kunsthandwerkern und Antiquitätenläden. Wir finden ein Laientheater und ein interessiertes Publikum. Lebensmittelhändler bieten „organisch" aufgezogenes Gemüse an. Natürlich gibt es Touristen — und viele originelle Kneipen.
Im „Sea Gull" spielt eine Band melancholische Stücke von Miles Davis und Charlie Parker. Flüchtig entweichen Saxophon- und Flügelhornlaute in den warmen Sommertag. Die kühle Altstimme umschmeichelt die Sinne.
An der Bar hängt ein rotes Schild, auf dem zu lesen steht, wo man heute in der Stadt Benzin kaufen kann. Die Klimaanlage bleibt trotz der Wärme ausgeschaltet. Das Lokal ist voll mit riesigen, naiv gemalten Bildern aus der deutschen Märchenwelt: Hänsel und Gretel, Frau Holle... Alles, was die Brüder Grimm so aufgeschrieben haben.
„Es kommt mir hier recht germanisch vor", sage ich zu Bob, dem Barkeeper. „Wieviel Deutsche gibt es denn hier?"
Er schaut in die Runde und antwortet: „Mit euch werden es wohl zwei sein."
Wir bestellen Bier. Er schiebt uns wortlos zwei Flaschen mit importiertem deutschen Gebräu zu.
„Das ist viel zu teuer", wehrt sich Inge und möchte es zurückweisen.
„Es ist das einzige Bier auf der Welt, das man trinken kann", behauptet Bob schmeichelnd.
„Bierbrauen ist also ein Problem, das Amerika nicht lösen kann", bemerke ich herausfordernd.
Bob schielt auf das Benzinschild und tut so, als ob er sich gerade die Finger verbrannt hätte. Dann lacht er laut schallend: „Natürlich ist es das einzige Problem!"

Jedermanns Lieblingsstadt

„Jeder Reisende liebt zwei Städte", sagte mir ein Globetrotter, „seine Heimatstadt und San Francisco."
Also ich schwärme nicht gerade von amerikanischen Städten. Sie sind nicht zum Schwärmen gebaut. Aber komm doch mal nach San Francisco!
Gegenüber, an der Richardsonbucht, liegt das Künstlerstädtchen Sausolito. Dort gibt es einen Stadtteil, der nur aus Hausbooten besteht. Setz dich erst einmal in eines der Cafés und schau dir die Skyline an, einen ganzen Abend lang. Es sieht so aus, als ob sie organisch über die Hügel ans Wasser gewachsen wäre. Die Hochhäuser nehmen einen Augenblick matt das Rot der untergehenden Sonne an. Dann treibt der Wind Nebel davor.
Am nächsten Morgen kriechen immer noch Nebelschwaden unter der Golden-Gate-Brücke hindurch und verwehren den Blick auf die Stadt. Die Brücke selbst schwingt sich in strahlendem Sonnenschein über das Goldene Tor.
Doch während du fährst, zieht eine Zauberhand die Wolken fort. Da liegt die Stadt vor dir, mit Häusern, Türmen und Brücken, mit der Francisco-Bucht, mit Ozeanriesen auf dem Wasser und unzähligen Segelbooten. Du gleitest über die Golden Gate und du wirst bestätigen: es ist eine schöne Brücke, es ist eine ästhetische Konstruktion. Und riskier' ruhig einen Blick über das Wasser, auch während der Fahrt. Man rast nicht in Amerika, man fährt gemütlich und defensiv. Langsam tauchst du in das Häusermeer ein.

Die ersten Kolonisten hier waren spanische Missionare. Sie gewöhnten den Indianern ab, daß sie sich zu jeder Gelegenheit und überall, wo es ihnen einfiel, auch vor den Augen der Missionare — liebten. Dann bauten sie ein Fort, zu einer Zeit, als die Amerikaner sich an der Ostküste die Unabhängigkeit erstritten. Russische Einwanderer tröpfelten herein.
Das Gold riß 1848 die Westküste aus ihrer Beschaulichkeit. Als

nach dem Goldrausch auch der Goldkater verflogen war, erkannte man den Wert dieses Landes im Norden Kaliforniens: ein natürlicher Hafen, Sonne und fruchtbarer Boden, landschaftliche Vielfalt und ewiger Frühling.
Die Stadt entwickelte sich auf den Hügeln zwischen der Francisco-Bucht und dem Pazifik, spanisch, viktorianisch, italienisch, deutsch, von jedem ein wenig. Alle, die auf dem alten Kontinent nicht miteinander auskamen, vertrugen sich hier ganz gut.
Sogar so gut, daß man auch Nichteuropäer respektierte und sich hier in aller Ruhe die größte chinesische Stadt außerhalb Asiens entwickeln konnte: Chinatown von San Francisco.

So erwartet dich ein buntes und lebendiges Straßenbild. Menschen aller Rassen finden sich in der Market Street, in der Powell Street und in der Grant Avenue. Elegante und exotische Kleider, originelle Straßenmusikanten, frisch geschnittene Blüten in den Blumenständen...
Nimm den Cable Car. Er kostet nur 25 Cents. Wenn man nicht gerade an der Haltestelle steht, springt man einfach auf. Eine Berg- und Talfahrt ist das! Man sieht nur fröhliche Menschen in diesem lustigen Vehikel. Immer wieder bietet sich eine Höhe mit herrlichem Ausblick auf die Stadt, auf den Hafen und auf die Bucht.
Bummle in Chinatown, an der Fisherman's Wharf, in der Columbus Avenue. Bummle im Golden-Gate-Park, oder verbummle die Zeit einfach irgendwo, in irgendeiner Straße. Das Auf und Ab wird dich in beschwingte Laune versetzen.
In San Francisco kannst du zum Essen gehen. Es gibt 2600 Restaurants. Italienische, französische, deutsche... Am besten aber nach Chinatown, Hühnchenstücke mit Bambus und Sojabohnensprossen, und ein Glas trockenen Weißwein dazu.
Am Abend geht man aus. San Francisco liebt Ballett, Theater, aber vor allem liebt es Musik. Im „Chi-Chi", am Broadway, bringen sie eine Revue mit Irving-Berlin-Melodien. Im „Gulliver" gibt es irische Folklore. Letzte Woche haben sie dort Chansons von Bert Brecht vorgetragen. In Deutsch.

Du magst doch Jazz? Er lebt in San Francisco. Am Ferry Park spielt eine Bigband Swing zum Mitwippen. Den Nachfolger Benny Goodmans hörst du im „Roy's". In „Keyston's Corner" ist es Modern. Und vergiß nicht den „Saloon". Dort gibt es eisenharten Rock'n Roll. Die Kneipe muß sogar das Erdbeben überstanden haben! Das Bier kostet 70 Cents. Wenn du etwas mehr anlegen willst, so um hundert Dollar: im „Hilton" singt immer noch die Ella.
Möchtest du Blues? Der kostet nichts, wenn du willst, auf der Straße. In der Powell Street steht Stan, zwischen Kaufhaus und Cable Car und Luftballons. Was immer ein Mensch zu leiden hatte, Stan schreit es dir ins Gesicht. Er sieht nicht, wer ihm den Quarter gibt. Stan ist blind.
Aber er liebt San Francisco. Alle lieben San Francisco, die Automechaniker, die Kaufleute, die Touristen, die Kellner, die Schaffner vom Cable Car... Sie putzen es heraus.

Pete verdient daran. Er renoviert alte Häuser. Pete ist Schwarzer, aus Philadelphia. Außer Baseball hat er eigentlich nichts gelernt. Er ist mal sehr gut gewesen. Die Manager hätten sich um ihn gerissen. Als es mit dem Laufen nicht mehr so richtig wollte, ist er nach San Francisco gegangen. Anstelle des Balles nahm er Mörtel, Tapete und Farbe in die Hand. Es ist seine eigene Firma, und er sagt, es gehe ihm prächtig.
Pete mag keine Diskotheken. Schallplatten auflegen kann jeder. Aber jeden Abend bis zum Umfallen Trompete spielen, das macht nicht jeder. Und wenn einer nur mit Strom zu hören ist, kann es auch kein richtiger Musiker sein.
Ihm gefällt es gut in San Francisco. Ein Neger ist hier nicht unbedingt ein dreckiger Nigger.
„Bleibt doch auch hier", meint er.
„Was sollen wir hier denn tun?"
„Ihr arbeitet und werdet reich."
„In solch eine schöne Stadt will doch jeder. Da gibt es doch keine Jobs."
„Ach was", lacht Pete. „In solch einer Stadt gibt es Jobs genug.

Da will doch niemand arbeiten. Bleibt hier! Es wird sich schon was finden. Ihr liebt doch jetzt auch San Francisco."
Und die Band spielt mit kühlem Saxophon: „I leave my heart in San Francisco."

In der Nacht trommeln die Navajos

Rinder brüllen. Mit gellenden Schreien treiben die Indianer die Herde. Sie reiten ohne Sattel, mit flatterndem, blauschwarzen Haar. In der Luft liegt roter Staub. Vereinzelte Felsen ragen wie Säulen in den Himmel.
Wir kommen vom Bryce Canyon in Utah. Mit der Navajobrücke haben wir den Colorado überquert und sind seither im Navajoland. Links und rechts stehen Lehmhütten. Einige Lastwagen rosten vor sich hin. Gemalte Wüste heißt dieser Landstrich. Weiß, Ocker, Braun und Blau ist in hügeligen Streifen gebündelt.
Glutrot geht die Sonne unter. Die Straße ist schlecht. Der Asphalt ist stellenweise aufgerissen. Es wäre unvorsichtig, im Dunkeln weiterzufahren.
Wir halten rechts der Straße. Hier wird kein Verkehr die Nachtruhe stören. Auf dem angedeuteten Parkplatz steht ein Truck. Indianer sitzen regungslos auf der Ladefläche und starren uns schweigend an.
„Hallo", grüße ich und hebe die Hand.
Keine Antwort. Wir werden trotzdem hier übernachten.
Als wir beim Abendessen sitzen, dröhnt es in der Luft. Dumpf und mit monotonem Rhythmus. Schrille Schreie lassen uns zusammenzucken. Dann singen die Indianer. Und die Trommeln treiben ihre Stimmen.
Dann spricht eine Männerstimme, laut und eindringlich, in einer uns unverständlichen Sprache. Sie hämmert auf die Menschen ein, und sie schreien gequält auf, murmeln zustimmend – und dann singen sie wieder.
Wir verlassen das Auto. Der Truck ist verschwunden. Im Mondlicht steht eine Art Zirkuszelt, kaum hundert Meter von unserem Wagen entfernt. Sie müssen es im Schutz der Dunkelheit aufgebaut haben. Von dort kommt der Gesang.
Vorsichtig nähern wir uns dem Zelt. Plötzlich steht ein Mann vor uns. Ich schlucke meinen Schreck.

„Was ist los in dem Zelt?" Ich versuche meiner Stimme einen festen Klang zu geben.
Das sei ein religiöses Fest, erklärt der Navajo in gebrochenem Englisch.
„Dürfen wir da hinein?"
„Jeder Navajo ist willkommen", erwidert er.
Sind wir Navajos? Wir stehen uns schweigend in der Dunkelheit gegenüber. Dann fragt er uns, wo wir herkämen, und wir antworten, aus Deutschland. Und aus dem Zelt klingt der Gesang. Nach einer Zeit des Nachdenkens wendet der Navajo seinen Körper zur Seite. Wir gehen an ihm vorbei und treten in das Zelt.
Gleißendes Licht blendet uns. Wir gewöhnen uns nur langsam daran.
Geflochtene Haare quellen unter schwarzen Hüten hervor. Türkis und Silber glänzen matt. Zwei halbnackte Gestalten hämmern auf zwei große Trommeln. Männer, Frauen und Mädchen sitzen auf primitiven Stühlen oder Decken um die Trommeln. Sie haben sich in bunte Tücher gehüllt und mit Ketten und Armreifen geschmückt. Die Trommeln jagen die Stimmen und lassen die Menschen sich im Rhythmus dieses schaurigen Dröhnens wiegen und spitze Schreie ausstoßen.
Im Sand kriechen Kinder und spielen mit Plastikautos.
Was da geschieht, verstehen wir nicht. Wir sehen nur und hören. Niemand scheint uns zu beachten. Aber mit der Zeit treffen uns Blicke, manche erschrocken, doch manche auch drohend. Wir schleichen aus dem Zelt und gehen zu unserem Wagen zurück. Wir liegen wach im Bett. Spät in der Nacht wird es für eine kurze Zeit still. Und dann heulen die Kojoten...

Navajoland liegt im Herzen des amerikanischen Südwestens. Mit vierzigtausend Quadratkilometern ist es das größte Indianerreservat. So jedenfalls nennt man das Gebiet im amtlichen Sprachgebrauch. Die Navajos allerdings lehnen die Bezeichnung Reservat ab. Sie verstehen sich als Nation.
In der Mitte der Region wohnen noch die Hopis, von den an-

deren Stämmen eingekreist. Im Westen, am Grand Canyon, leben die Havasupais und die Hualapais, im Osten, an den Tafelbergen, die Utes. Der Süden ist Apachenland, mit dem Rio Grande, den Mescalero-Bergen und dem Teufelscanyon.
Der „Südwesten", das ist Arizona, Neu-Mexiko, etwas Colorado, ein wenig Nevada und Utah, ein Stück Kalifornien und eine Ecke von Texas. Es ist das Land des ritterlichen Abenteurers Old Shatterhand und des edelmütigen Apachen Winnetou. Es ist das Land der Cowboys und Banditen, der ebenso schönen wie furchtlosen Frauen und der stolzen Rancher. Es ist das Land der erträumten Helden, wie sie oft von John Wayne verkörpert wurden. Junge Indianer allerdings demonstrieren angesichts erlittener Demütigungen mit Bildern dieses Filmstars.
Der „Südwesten" ist für viele die schönste Gegend der Welt. Im Tal des Todes befindet sich der heißeste Ort der Erde. Der Grand Canyon ist der tiefste Erdriß. 1800 Meter stürzen die Felsen atemberaubend in die Tiefe. In bunten, horizontalen Schichten ist die Erdgeschichte bloßgelegt. Im „Südwesten" gibt es die trockenste Wüste, und da steht ein Wald aus versteinerten Bäumen seit Millionen von Jahren.
Es gibt weite Täler, verschwiegene Canyons, rauschende Flüsse, bizarre Felsformationen.
In flimmernder Hitze stehen die Orgelpfeifen der Saguaro-Kakteen. Sie wachsen zwölf Meter hoch. Dazwischen leben Klapperschlangen, Purpurschwalben, der Puma und das geheimnisvolle Gilamonster. Und dort fand man die verlassenen Städte der Anasazis, die spurlos in der Geschichte verschwunden sind.

Am nächsten Morgen weckt die Sonne mit heißen Strahlen und der Lärm von Baumaschinen. Die Straße wird repariert. Die Arbeiter sind Indianer. Sie tragen jetzt Jeans und Monteuranzüge und schieben mit Bulldozern groben Kies auf die Straße. Der Schulbus hält. Artig steigen Mädchen und Jungen ein, mit Heften und Büchern unter den Armen.
Gewiß kennen auch sie die Geschichten von den Anasazis. Haben die Weißen wirklich alle Ortschaften der Alten entdeckt?

Oder bewachen die Navajos noch die Stadt Lukachukai, den „Platz des weißen Schilfrohrs"? Vor siebzig Jahren zeigte ein Navajo einigen Franziskanern wunderbar dekorierte Wasserkrüge aus Lukachukai. Er hat nicht verraten, wo sich die Stadt befindet. Seither sucht man vergeblich danach.
Längst entdeckt ist dagegen ein anderes Siedlungsgebiet der geheimnisvollen Anasazis, in das wir mit unserem Wohnmobil fahren. Es ist ein gewaltiger Tafelberg an der Südwestspitze von Colorado. Sechshundert Meter hebt er sich aus der Ebene. Er ist oben bewaldet. Die Spanier haben ihm wohl deswegen diesen Namen gegeben: Mesa Verde.
Eine schmale, kurvige Straße führt hinauf. Ein Puma springt uns fast ins Auto. Mit einem Erdhörnchen im Maul verschwindet er im Dickicht.
Die Europäer wollten zuerst nicht glauben, daß Nordamerika so alte Siedlungen hat, wie sie in den Canyons der Mesa Verde zu finden sind. Wir stehen am Rande des Spruce Tree Canyon und blicken staunend auf die Häuser.
In der senkrechten braunen und gelben Sandsteinwand zieht sich ein langer, waagerechter Einschnitt wie eine flache Höhle. Hier hängt die Stadt. Sie hängt in dieser Höhle an den Felsen geklebt, mit mehrstöckigen Häusern, Türmen und kleinen Plätzen. Die Spitzen der Bäume ragen an den Fuß der Gebäude.
Sie wirken, als seien sie eben verlassen worden, als müsse man geschwind die Mauern reparieren, die da eingefallen sind, um die Häuser wieder bewohnbar zu machen.
Es ist nicht die einzige Stadt. Die ganze Mesa Verde ist voll von der Hinterlassenschaft der Architekten der Alten, mit Erdhäusern, Wehrbauten, hängenden Städten, durch höhlenartige Felsvorsprünge geschützt. Square Tower, mit einem vierstöckigen Wehrturm, Cliff Palace, mit zweihundert Wohnräumen und dreiundzwanzig Kivas, den unterirdischen Versammlungsräumen der Anasazis.
Geführt von einem weiblichen Ranger betreten wir die Ortschaft Spruce Tree House. 500 Jahre nach Christi Geburt sollen hier die ersten Menschen gesiedelt haben. Zuerst in der Höhle, dann

in Erdhütten, bis sie schließlich diese Wohnungen bauten. Und das sind nicht etwa Hütten aus planlos aufeinandergeschichteten Felsbrocken, es sind Häuser mit mehreren Etagen aus fein behauenen Sandsteinen, die fachmännisch aneinandergefügt sind.
Wir klettern in einen Kiva, den Platz für religiöse Zeremonien und geheime Riten. Die Feuerstelle ist schwarz von Ascheresten. Die Menschen, die sich hier getroffen haben, trugen Baumwollkleider und schmückten sich mit Türkis und Silber.
Mumien hat man gefunden. Die Toten verwesen nicht im trockenheißen Klima des „Südwestens". Man entdeckte, daß sie Mais gegessen, den Hund und den Truthahn domestiziert haben. Man rekonstruierte, unter welchen Krankheiten sie gelitten, wie sie sich gegen ihre Feinde gewehrt haben und wie sie an ihr Trinkwasser in dieser heißen und trockenen Gegend gekommen sind.
Im Museum finden wir Geräte, Werkzeuge, kunstvoll bemaltes Tongeschirr, Speerschleudern, Pfeile, Bögen, Sandalen, Ringe, Halsketten, Armreifen, Gürtel... Die Anasazis können keine primitiven Nomaden gewesen sein, sondern feinsinnige Menschen mit Geschmack.
Niemand kann erklären, warum sie nicht mehr da sind. Etwa um 1300 nach Christus haben die Anasazis ihre Städte verlassen, nicht nur die Häuser der Mesa Verde. Es geschah auf unheimliche Weise fast gleichzeitig in Arizona und Neu-Mexiko.
Und es scheint, als hätten die Bewohner in Ruhe ihre Sachen gepackt und ihre Wohnungen gründlich geputzt, bevor sie aufgebrochen sind. Es lassen sich offenbar keine Spuren von Feinden oder anderen Katastrophen feststellen. Die Dürre, die sie zur Aufgabe der Städte hätte zwingen können, kam erst Jahrzehnte später.
„Die Anasazis sind zwar fortgegangen", sagen die Navajos, „aber sie werden eines Tages wiederkommen!"
Sie werden dann wohl auch ihren Schmuck wiederhaben wollen, den die Weißen aus ihren Gräbern geplündert haben.
Wir können nicht einschlafen, wir liegen wach und lauschen in die Nacht. Draußen heulen die Kojoten.

Eine Jeans für den Gott des Windes

Man betritt eine andere Welt. Gleichgültig, ob die Einreise aus Europa oder aus den Vereinigten Staaten erfolgt. Doch wenn man aus der unbürokratischen Ordentlichkeit und der freundlichen Gelassenheit Nordamerikas kommt, trifft es einen hart, und man erholt sich erst allmählich davon.
Ich spreche von Mexiko.
Die umständlichen Formalitäten an der Grenze sind für Anfänger in Lateinamerika verwirrend. Wir scheinen insgesamt fünf Beamte zu beschäftigen. Einer tut sichtlich etwas: Er schreibt uns die Aufenthaltserlaubnis aus. Doch dann spricht uns ein anderer auf ein Trinkgeld an, es würde vieles erleichtern.
Das soll man auf gar keinen Fall tun, hat man uns nördlich der Grenze geraten, sonst würden Zöllner und Polizisten immer unverschämter werden. Wenn Gebühren verlangt werden, soll man sich ordentliche und amtliche Quittungen geben lassen. Und das hatten wir uns auch fest vorgenommen. Doch das war jenseits der Grenze.
Ich traue den Zöllnern zu, daß sie nur so zum Spaß drei Tage lang das Auto nach versteckter Schmuggelware durchsuchen, wenn man nicht sehr behutsam mit ihnen umgeht. Eingeschüchtert gebe ich einen Dollar.
Und wir sind in Mexiko.

Wir fahren erst einmal in ein tiefes Schlagloch. Mit Kleinigkeiten wie Warnschilder gibt man sich hier nicht ab. Als uns der erste Lastwagen in wilder Fahrt überholt, drücke ich erschrocken auf die Bremse. Lastwagen und Autobusse fahren grundsätzlich ohne Auspuff und machen solch einen Höllenlärm, daß einem der Brustkorb zittert. Da fallen die vielen Personenwagen, die ihren Auspuff verloren haben, kaum noch auf.
Vollbesetzte Autobusse, überladene Lastwagen und mit Draht zusammengehaltene Personenwagen liefern sich untereinander Rennen mit haarsträubenden Überholmanövern. Die Mexikaner

scheinen absolutes Vertrauen zu den Heiligen zu haben, deren Bilder sie in ihre Autos kleben. Der Chauffeur betet, bevor er einsteigt, macht das Kreuzzeichen — und dann zeigt er, was er kann! Und wenn er sein Ziel erreicht, ist dies ein Beweis, daß Gott ihm wohlgesonnen ist.
Links und rechts der Straße liegen tote Tiere. Kojoten, Hunde, Kälber, sogar Stiere. Das Vieh weidet unbewacht am Straßenrand. Die meisten Weiden sind nicht eingezäunt. Wenn ein Tier überfahren wird, kümmert sich niemand um den Kadaver. Er liegt als willkommene Nahrung für allerlei aasfressendes Getier am Straßenrand, verwest, bis auch das Skelett zu Staub geworden ist.
Links und rechts der Straße liegt auch der Müll. Ein Band von Flaschen, Dosen und Plastik zieht durchs Land.

Doch welch ein Land!
Weite Steppe mit Orgelpfeifenkakteen und Palmlilien, dazwischen vereinzelte Sanddünen. Am Horizont stehen zerklüftete Berge. Und darüber spannt sich ein klarer Himmel.
Die Ebene wird auf 2500 Meter über dem Meer ansteigen. Je weiter wir nach Süden kommen, um so reicher wird die Vegetation.
Die Dörfer bestehen aus Lehmziegelhütten. Über die Straße ziehen sich Eisennägel mit zwanzig Zentimeter hohen Köpfen. Man muß sie im Schritt überfahren. Sie zu übersehen bedeutet Reifenpanne und Achsenbruch. Diese Hindernisse heißen Topes. Wir fragen uns, ob sie als Schikane oder als Ausdruck großer Kinderliebe verstanden werden müssen. Die Kinder können in der Nähe der Topes ungeniert spielen und ungefährdet über die Straße rennen. Und sie spielen zwischen frei herumlaufenden Hühnern, Schweinen und Eseln. Cowboys treiben Rinder die Straße entlang.
Die kümmerlichen Adobehütten sind gerade so hoch wie Menschen. Ihr Fußboden ist aus festgestampfter Erde. Sie haben keine Wasserleitung und kaum Inventar. Kinder und Frauen sind fast immer barfuß. Aber manche Männer tragen schicke

Cowboystiefel, mit denen sie stolz durch den Staub der Straße stelzen.
Wir halten in Mimbrera. Ein Dorf zum Übernachten scheint uns sicherer zu sein als ein Platz in der freien Natur. Es soll da draußen bewaffnete Räuber geben. Wir denken, daß Leute, die am Abend vor der Haustür sitzen, dich in der Nacht nicht mit dem Gewehr überfallen.
Sofort bildet sich eine Menschentraube um das Wohnmobil. Kinder versuchen auf das Dach zu klettern. Ein Halbwüchsiger ruft mit drohendem Unterton: „Gib mir einen Dollar, Gringo!" Wir seien keine Amerikaner, sage ich. Und: „Señor wird bald alt genug sein, sich den Dollar selber zu verdienen."
Als die Neugierigen unsere Herkunft erfahren, rufen sie: „Hitler, Hitler" und „Beckenbauer, Maier, Müller..."
So mancher Polizist begrüßt uns später mit stramm erhobenem Arm. „Die Deutschen haben ja auch schon gegen die Nordamerikaner gekämpft." Und wir finden in den Städten Denkmäler von Einstein, den Humboldtplatz und die Goethestraße.
Eine energische Frau scheucht die Kinder auf Abstand. Es sind doch Reisende aus Europa, die Ruhe bräuchten. Wenig später klopft es an der Wagentür. Zwei junge Damen möchten „el señor" sprechen. Inge ruft mich an die Tür.
Die Mexikanerinnen reichen in einer Schüssel das Abendessen. Gleich darauf steht ein Mann am Wagen, barfuß, doch aufrecht und stolz, das verwitterte Gesicht im Schatten des Sombreros. Die Straße sei sicher anstrengend gewesen, und wir sollten jetzt erst in Ruhe das Essen einnehmen, um zu uns zu finden. Wenn wir irgendein Problem hätten, sein Haus sei unser Haus! Mit großzügiger Geste deutet er auf seine Hütte. Seine Frau lächelt freundlich herüber. Sieben Kinder kauern an der Mauer. Und wir sollten nach dem Essen zu einem Tequila herüberkommen.

Es gibt sechzig Millionen Mexikaner. Da kann nicht einer so gut wie der andere sein. In Durango nehmen mich am Abend zwei Polizisten fest und zerren mich in ihr Auto. Ich muß mit ihnen durch die Stadt fahren, angeblich ins Gefängnis. Vielleicht fah-

ren sie aber auch nur spazieren. Ich möchte mich aus dieser unangenehmen Lage befreien und zeige zehn Dollar. Ehe ich mich versehe, ist das Geld aus meiner Hand gezogen, und ich finde mich auf der Straße wieder.
Ich eile, um Inge zu beruhigen.
Natürlich sieht ein Mexikaner nicht wie der andere aus. Aber dir sieht man den Gringo von weitem an. Mexikaner haben keine roten Bärte. Und das Auto hat eine ausländische Zulassungsnummer.
So wird es dann in Mexiko-Stadt von der Polizei gestoppt, die kühl behauptet, daß wir bei Rot über die Ampel gefahren wären. Das koste 500 Pesos (vierzig Mark). Wir trauen unseren Sinnen nicht. Wir sind doch mit allen anderen über diese Kreuzung gefahren, und die Ampel zeigte Grün! Aber wir sind die einzigen Gringos auf der Kreuzung gewesen.
Es wird eine lange Debatte. Wir einigen uns auf 270 Pesos — ohne Strafzettel oder Quittung. Natürlich kann man sich beschweren in Mexiko. Es gibt ein offizielles Büro dafür. Doch als der nächste Posten pfeift, ziehen wir es vor, das Gaspedal durchzutreten; das ist sicherer.
Ein anderer Polizist, in La Piedad, bietet sich dafür kostenlos als Führer an, lädt uns ein zu sich nach Hause und beschenkt uns reich mit Früchten. Seit eine deutsche Trachtenkapelle einmal auf der Plaza Marschmusik gespielt hat, liebt er alle Deutschen und bessert sein schmales Gehalt nur noch bei US-Amerikanern auf.

Sie sehen sich als Nachfahren der Azteken. Hernán Cortéz war nicht ein Eroberer, der eine neue Zivilisation brachte, sondern der Zerstörer ihrer Kultur. Alles, was in Veracruz vor Anker ging oder über den Rio Grande kam, hat in ihren Augen Schuld an hundertfünfzig Jahren Krieg und Revolution, in deren Verlauf die Mexikaner Kalifornien, Texas, Arizona, Nevada und Neu-Mexiko an die verhaßten Yankees verloren. Das Land ist eigentlich erst Ende der dreißiger Jahre zu Ruhe gekommen. Eine beständige Wirtschaftspolitik führt seit dieser Zeit aber zu

einem starken Wirtschaftsaufschwung, vor allem im industriellen Bereich, was Mexiko zum bestentwickelten Land Lateinamerikas werden ließ. Seit 1940 ist es wohl die stabilste Nation Iberoamerikas.
Sie geben sich als Moctezumas Erben. Mexiko-Stadt steht ja auf den Trümmern Tenochtitláns, der von Cortéz zerstörten Hauptstadt des Aztekenreiches. In aztekischer Prunksucht haben sie wieder prächtige Straßen gebaut, die Insurgentes, den Paseo de la Reforma, doch leiden sechzehn Millionen Einwohner dieser Stadt unter Lärm und Gestank der mexikanischen Variante von Verkehr. Am Chapultepec-Park steht das großartigste Museum der Welt, aber Arme müssen in Hausgängen leben, Mütter mit ihren Kindern auf der Straße übernachten, Häuser verfallen in Schmutz. Da gibt es luxuriöse Prachtbauten, den Palast der schönen Künste, elegante Boutiquen, Holiday Inn, gemütliche Restaurants — doch auf den Märkten schleppen Zehnjährige Kisten, auf den Kreuzungen überfallen sie dich, um für einen Peso die Scheiben zu waschen.
Kinder bedienen an Tankstellen, packen im Laden die Waren zusammen, putzen Schuhe, handeln die Nacht durch mit Souvenirs — oder betteln. Und wie sie betteln können! Ein hartherziger Unmensch, der da vorbeigeht. Manche Kinder streunen auch betrunken durch nächtliche Straßen.
Das Land hat trotz seines explosionsartigen Bevölkerungszuwachses in einer gewaltigen Anstrengung das Analphabetentum überwunden. Aber die Kinderarbeit verhindert, daß alle das Schulziel erreichen.

Am Fuße der Pyramiden von Teotihuacán, am Quetzalcóatl-Tempel, handelt Ricardo mit Souvenirs. Er verkauft Götter der Tolteken und Olmeken aus schwarzem Obsidian, der in der Sonne grün und golden funkelt, und Medaillons aus Silber und Türkis, mit präkolumbianischen Symbolen. Er muß fleißig verkaufen, denn er hat eine Frau und elf Kinder zu ernähren und zu kleiden. Die ältesten, neun bis vierzehn Jahre alt, helfen schon im Geschäft. Sie sprechen in der „Straße der Toten" Touristen

an, um ihnen auf diese Weise die Götter ihrer Vorfahren nahezubringen.
Der vierzehnjährige Carlos ist besonders tüchtig. Er senkt in der Nähe des Museumswächters geheimnisvoll den Blick und raunt: „Originales." Dabei zieht er den Windgott aus der Hosentasche. Jeder möchte natürlich etwas Authentisches, aber der Handel mit den „Originales" ist verboten. Und der Windgott ist kunstvoll auf alt präpariert.
Als der Wächter herüberäugt, läßt er ihn aufgeregt verschwinden. Er winkt uns komplizenhaft. In einer Tempelnische wickelt er ihn wieder aus.
„Der ist noch warm wie ein frisches Brötchen", ruft Inge.
Carlos schaut sie verwundert an. Dann lacht er herzlich. Die Nordamerikaner, erzählt er vergnügt, würden immer darauf hereinfallen. Die „Alemanes" scheinen nicht so dumm zu sein. Er ist uns nicht böse. Wir haben eine Jeans, die beim Waschen eingegangen ist und die ich nicht mehr anziehen kann. Wir bieten sie ihm für den Gott des Windes. Die Arbeit, ihn auf alt zu trimmen, ist sie sicher wert.
Carlos kann gerade eine Jeans brauchen. Er macht das Geschäft. Mit seinem Vater ziehen sich die Verhandlungen zwei Tage hin. Beide Parteien stehen hinter ihren Warenkörben. Ricardo mit Göttern und Ketten, wir mit einem Hammer, einem Hemd, einem Messer und anderen, für uns überzähligen Dingen. Mal zieht er einen Gott aus seiner Reihe, mal ziehen wir etwas aus unserem Angebot zurück. Oder legen ein Etui dazu und wollen ein Medaillon mehr. Zwischendurch plaudern wir miteinander, lernen uns kennen, er stellt seine Frau vor, bedient andere Kunden, wir besteigen die Sonnenpyramide. Als wir uns einig sind, haben beide Seiten den Eindruck, den besten Tausch ihres Lebens gemacht und einen neuen Freund gewonnen zu haben.
In der Stadt spielen auf der Plaza die Mariachis mit schmetternden Trompeten und schmachtenden Geigen und schwingenden Gitarren. Hier wirft man das Geld nicht in eine Musikbox, sondern gibt es lebendigen Musikern, die einem das gewünschte Lied spielen. Dazu wird ausgiebig getrunken, und in sehr weit

Mexikanische Mädchen tanzen zu jeder Gelegenheit. Hier auf einem Fest in Tula.

Fischer am Chapala-See

**Hier wird Musik noch von Menschen gemacht. Mariachis in Guadalajara.
Auf der Pyramide von Tula bewachen Toltekenkrieger das Hochland von Mexiko.**

Perlweiß und einsam ist der Strand an der karibischen Küste von Yucatán.

Zu Gast bei einer Mayafamilie.

Beute aus der Karibik.

Die Indianerin verkauft Glücksbringer.

Indianerjunge

Markt in San Christóbal de las Casas

fortgeschrittener Stimmung gibt der Mexikaner seinen ganzen Lohn: „Nehmt und spielt!" Da herrscht dann Fröhlichkeit, den ganzen Abend lang.
Ungefährlich ist der Musikerberuf allerdings nicht. Wenn die Sänger einen Text nicht richtig können, soll bei dem aufgebrachten Kunden dann das Messer locker sitzen.

Hier wird Musik also noch von Menschen gemacht und nicht von Scheiben. In jeder Stadt spielt am Sonntagnachmittag ein großes Orchester lateinamerikanische Weisen mit gepfeffertem Rhythmus.
Und die Mariachis singen und spielen Lieder von Guadalajara und von der Cucaracha, von den Leiden aus Revolutionen, der Liebe und den Opfern schöner Frauen, den Heldentaten mutiger Männer, la cucaracha, die Heldentaten haben Krüppel hinterlassen. Juan legt seiner Geliebten ganz Mexiko zu Füßen, und Don Miguel und Doña Francisca zockeln mit der Calandria an den alten Häusern vorbei. Die Kinder quengeln nach Eis, und Diego schielt schon nach den Mädchen. Und die Mädchen ziehen alte mexikanische Kleider an und zeigen dir tanzend ihre Seele. Denn — caramba! — bei den Mädchen von Mexiko ist es kein Nachteil, ein Gringo zu sein!

Der Maya taucht mit der Harpune

Der Teppich hat leuchtende Farben. Dreihundert Pesos will der Händler wohl für ihn, nachdem er seinen ersten Preis zunächst einmal mit sechshundert genannt hat. Das Schwarz glänzt aber zu stark.
„Er enthält ja Kunstfasern."
„Gewiß, señor", sagt der Händler. „Es ist ein moderner Teppich, und der Anteil an Kunstfasern verbessert die Qualität. Besonders die Farben bleiben dadurch haltbarer."
„Wir wollen aber einen aus reiner Wolle."
„So etwas Altmodisches?"
„Pura lana?" Eine krächzende Stimme. Wir drehen uns um. Eine alte Indianerin steht bucklig vor uns. Sie winkt mit knochigen Armen.
Wir folgen ihr und drängeln uns vorbei an Perlonwäsche, Spitzen, Hühnern, quiekenden Schweinen, die an Laternenpfählen festgemacht sind, vorbei an geschlachteten Rindern und blutenden Schweinsköpfen, deren süßlicher Geruch einem den Atem abschnürt, vorbei an Papageien, Lemonen und Mangos, an Bergen von Chili, vorbei an schiebenden, schwitzenden, schwatzenden, feilschenden, schimpfenden und lachenden Menschen, vorbei an den großen Kohleaugen, die hinter fünf Tomaten kauern, an den Bettlerinnen und den Trunkenbolden, durch schwarze Gänge, über verwesende Abfallhaufen und krabbelnde Kinder...
Bis zu einem Sack.
Markt in Altotonga, Mexiko.
Der Sack liegt im Schmutz. Die Alte zieht ihn hoch und zerrt etwas Helles heraus. Inge soll mal halten. „Pura lana", ruft sie immer wieder. Der Teppich ist rohweiß, voller Stroh, und er stinkt. Wir fahren mit den Händen über weiche Schafwolle. Das ist unser Teppich!
„Ich bekomme ihn sauber", sagt Inge so nebenbei.
Und laut sagt sie: „Cuanto cuesta?"
„Fünfhundert Pesos."

Inge läßt den Teppich fallen und wendet sich zum Gehen. Ich folge ihr.
„No!" Die Alte zerrt an Inges Arm. Sie will nur vierhundert Pesos. Ich schnippe etwas Stroh von den Fasern. Wir machen bedenkliche Gesichter.
„Zweihundert."
Die Alte greift sich an die ausgetrocknete Brust, Tränen in den Augen. Dreihundertachtzig — zweihundertfünfzig. Wir einigen uns auf dreihundert. Die Alte strahlt. Wir auch. Mit der Neuerwerbung suchen wir den Ausgang aus diesem Labyrinth.

Der Wind treibt Nebel die Hänge hinauf. Die Straße windet sich ins Ungewisse. Altotonga und die Alte bleiben oben in den Bergen. Es nieselt.
Der Nebel hebt sich von der Straße, wird zu Wolken. Am Straßenrand stehen Verkaufsstände mit Kokosnüssen, Bananen, Ananas und Papayas. Vor lauter Teppich haben wir in Altotonga vergessen, Obst einzukaufen. Wir halten. Als ich aussteige, will mich feuchte Wärme schwindlig machen. Die Kühle entweicht aus dem Wagen, und der Dampf macht sich breit. Die Kleider kleben am Körper.
Erst jetzt fällt uns auf, wie leichtgeschürzt die Leute hier sind. Die Stiefel werden wir nicht mehr benötigen. Wir ziehen uns um. Vor uns liegt der Hafen Veracruz.
Es ist eine schmucklose Stadt, die uns nichts Sehenswertes zu haben scheint. Das Auto haben wir auf dem Campingplatz am Strand untergebracht und sind mit dem Bus hineingefahren.
Die Busse sind stinkende, dröhnende und schaukelnde Monstren. Aber selbst bei einem Benzinpreis von 21 Pfennig fährt man mit ihnen billiger. Eine Fahrt kostet nur sechzehn Pfennig, und man kommt dafür in den Genuß von aufregenden Verkehrsszenen auf wackeligen Rädern. Die Fenster des Busses sind, soweit vorhanden, immer mit Kreuzen dekoriert. Von der Frontpartie blickt Jesus ernst auf die Fahrgäste. Die Fahrtrouten der Busse haben zwar feste Haltestellen, aber gefahren und gehalten wird überall, wo es sich gerade ergibt. Will man einstei-

gen, winkt man dem herandröhnenden Fahrzeug. Zum Aussteigen betätigt man eine Klingel. Wenn sie nicht funktioniert, muß man dem Fahrer rufen. Nicht auf Englisch. Das überhört er.
Manchmal hat der Fahrer seine Freundin dabei. Dann wird er besonders rasant. Während er mit ihr schmust, zeigt er, welch ein Kerl er ist, und er donnert kurvenschneidend und fußgängerjagend durch die Stadt, immer eine Lücke erspähend und immer schneller als die anderen. Aber die Busfahrer haben ein gutes Herz. Musikanten und Bettler dürfen einsteigen und während der Fahrt ihre Darbietungen bringen und kassieren, ohne daß der Chauffeur den Fahrpreis verlangen würde. Und wenn ein Rentnerehepaar zusteigt, winkt er auch mal ab, wenn der Alte umständlich in der Hosentasche nach den Pesos sucht.
Wir drücken uns im Schatten durch die Straßen von Veracruz. Sie sind schachbrettartig angeordnet wie fast alle Städte Amerikas, und hier geht es besonders laut zu. Veracruz ist eine Hafenstadt und möchte den Seeleuten aus aller Welt schöne Souvenirs bieten. Ein Verkaufshit ist besonders geschmackvoll: Jungfrau Maria steigt als Venus aus einer Muschel!
Wir finden die Plaza. Unter Torbögen serviert man uns kühles Bier. Es ist das einzige, was man in der Waschküchenhitze tun kann: im Schatten sitzen und Bier trinken.
Da fangen die Marimbaspieler an. Weicher, dahingleitender Rhythmus, einschmeichelnde Holztöne, eine luderhafte Musik, die leichtsinnig macht. Wir sind nicht mehr im strengen Hochland. Die Kleider der Frauen sind offenherziger, aufreizender, ihr Gang ist nicht mehr so züchtig. Und die Musikfetzen vergehen in der tropischen Luft. Wir lassen unsere Sinne von ihnen tragen. Uns ist auf einmal, als wären wir schon immer in Veracruz gewesen.
So bleiben wir und erleben das Lotterleben der Leute dort auf der Plaza. Nach ein paar Tagen kennen wir alle. Die Marimbaspieler, die mit dem Hut ihr Geld verdienen, den Möbelproduzenten, der regelmäßig nach Deutschland auf eine Möbelmesse fliegt. Eine Blinde kommt jeden Nachmittag und kassiert die Tische ab. Pablo ist neun Jahre alt. Er verkauft bis nach Mitter-

nacht Kaugummi. Wenn er keinen Umsatz macht, stiehlt er auch mal eine Geldbörse. Fred aus Köln hat vor Wochen sein Geld und seine Papiere verloren. Er hat es nicht eilig mit dem Gang zum Konsul. Fred hat einer glutäugigen Schönen Hoffnungen gemacht. Und die hält ihn nun über Wasser. Die Kunstmalerin aus den Vereinigten Staaten malt nicht, sie hat jeden Tag einen anderen Freund. Die Trinkerin kommt um fünf. Sie lebt am Rande der Tische mit den feiernden Seeleuten mit. Benito verkauft Crevetten aus einem großen Korb. Außerdem weiß er lange vorher, welches ausländische Schiff einläuft. Und die Seeleute, das sind die Männer – blonde Recken, lächelnde Koreaner, tänzelnde Afrikaner –, die mit suchenden Augen abends um die Plaza bummeln. Sie brauchen nicht lange zu suchen, und die Marimba wird sie leichtsinnig machen.
Das träge pulsierende Leben und sein Klatsch halten uns länger, als wir eigentlich wollen. Aber dann fahren wir wieder. Und es geht durch Sümpfe, über Ströme, durch üppige Vegetation, bis wir an den Dschungel von Chiapas kommen.
An einem Regenmorgen stehen wir vor den Tempeln Palenques. Rokoko im Dschungel, bereits vor tausend Jahren von den Mayas wieder aufgegeben. Und niemand weiß, warum.
Wir sitzen in dem Turm, aus dem die Mayas die Bahn der Himmelskörper verfolgt haben. Sie hatten einen Kalender, mit dem sie jeden Tag der nächsten neunzig Millionen Jahre errechnen konnten. Ihr Jahr hatte 365 Tage, und die Abweichung von der Umlaufbahn der Erde betrug nur eine zehntel Sekunde pro Tag. Sie hatten die Null entdeckt, Hunderte von Jahren bevor sie in Europa aus Indien eingeführt wurde.
Der Tempel der Inschriften ist das größte Gebäude der Anlage. Wenn man die feuchten Stufen in die Tiefe der Pyramide hinabsteigt, findet man den fünf Tonnen schweren Sarkophagdeckel mit dem Relief. Däniken beschreibt es so: „Da sitzt ein menschliches Wesen mit dem Oberkörper vorgeneigt, in Rennfahrerpose vor uns; sein Fahrzeug wird heute jedes Kind als Rakete identifizieren..." Vielleicht sind wir zu erwachsen. Wir finden keine Rakete.

Als die Mayas Palenque und andere Städte im Dschungel verlassen hatten, bauten sie sich wieder neue auf. In Yucatán, einem heißen Hügelland mit dornigen Wäldern, einer Halbinsel, die den Golf von Mexiko vom Karibischen Meer trennt. Hier finden wir die Ruinen von Uxmal, Chichen Itza, Tulum und einige mehr. Als die Städte Kriege untereinander führten, flohen ihre Bewohner aufs Land, achtzig Jahre bevor Kolumbus landete.
Da finden wir sie heute noch. Sie leben in kleinen Dörfern aus Palmenhütten auf sandigem Boden. Die Dörfer haben Namen, deren Sinn wir zwar nicht verstehen, die aber irgendwie deutsch klingen: Hopelchen, Dzibalchen... Da könnte man doch mit etwas Fantasie eine neue These in die Welt setzen. Nicht die Mazedonier waren es, oder die Phönizier, die alten Deutschen sind es gewesen...und haben die Kultur nach Amerika gebracht...
Die Frauen tragen weiße Leinenkleider mit farbigen Stickereien. Die Mayas haben sich nicht so sehr mit spanischem Blut vermischt, wie die Leute aus dem Hochland. Sie sind von einer stillen Freundlichkeit, die Ruhe ausströmt und Vertrauen weckt. Und wir stellen fest, wie hübsch die Palmenhütten aussehen. Die Mayas sind arm. Meist hängt nur eine Hängematte in der Hütte. Aber die Mayafrauen sind dauernd am Recheln und Putzen. Zäune und Mauern sind weiß gestrichen. Selbst die Schweine, die zwischen Kindern und Hunden tollen, sehen putzig aus. Und uns fällt auf, daß auf der Straße durch Yucatán keine Abfälle liegen. Sind die Leute reinlicher als im Hochland oder haben sie nichts fortzuwerfen?

Miguel vermietet uns zum „Sonderpreis" ein Plätzchen auf seinem Grundstück. Wir wollen Weihnachten und Neujahr am perlweißen Strand des Karibischen Meeres feiern und einen Monat bleiben, in einem Palmenwald. Miguel taufte ihn Xcalacoco.
Die Luft ist feucht und warm. Manchmal geht ein Schauer nieder. Wenn die Sonne wieder scheint, leuchtet die tropische Vegetation frisch in ihren Farben, und das Meer wird türkis. Das Wasser ist so warm wie in einer Badewanne und so klar, daß man die bunten Fische von weither kommen sieht, die dann um

uns herumschwimmen. Zu weit darf man sich allerdings nicht hinauswagen. Draußen tauchen immer wieder Haifische auf.
Neben uns wohnt ein Maya mit seiner zehnköpfigen Familie. Sie leben vom Fischfang. Sie benützen dazu keine Netze, sondern tauchen und jagen Fische mit Harpunen. Die fünfjährige Carmen dagegen zieht sie mit einer einfachen Angelschnur auf den Strand.
Wenn der Maya und seine Söhne mit dem Boot zurückkommen, stehen wir am Strand, um unser Abendessen einzukaufen. Manchmal schenkt er uns den Fisch oder lädt uns zu einer Schildkröte ein. Und Langusten essen wir öfter als daheim Bratwürste.
Sie verkaufen uns auch Tomaten, Karotten und Chili und Gemüsesorten, die wir nicht kennen. Die Mayafrau erklärt uns dann, wie wir sie zubereiten müssen.
Bananen, Papayas und Kokosnüsse holen wir uns von den Bäumen. Wir brauchen nichts dafür zu bezahlen. Bananen und Papayas müssen grün abgenommen werden, bevor die Tiere sie fressen. Wenn die Bananen reif sind, schmecken sie wie Honig. Es sind stummelige, kleine Früchte, die bei uns in Deutschland nicht vertrieben werden. Papayas schmecken eigentlich wie süßer Mist. Man muß sie mit Lemonen beträufeln, dann bekommen sie einen wunderbaren, frischsüßen Geschmack.
An einer Stelle am Strand sprudelt eine Quelle mit kühlem Wasser. Wir stellen dort das Bier und den Wein hinein. Das Trinkwasser bekommen wir aus einem Brunnen. Da uns die Mayas vom Markt gelegentlich Mangos und Ananas mitbringen, ist jeder Tag ein Festtag. Auch Miguels Frau und die Frau des Maya kochen auf offenem Feuer. Der elektrische Strom hat die Hütten noch nicht erreicht.
Solange der Wind weht, bleiben die Moskitos ruhig. Treffen Windstille und Sonnenuntergang zusammen, schwirren sie aus. Es sind nicht viele, aber genug, um uns eine Stunde lang zu ärgern. Es nützt auch nichts, wenn wir nahe an das Feuer rücken.
Eines Tages, als die Sonne schon ziemlich tief steht, gellen Schreie durch den Palmenwald. Der Boden ist plötzlich schwarz,

und wir flüchten entsetzt auf unser Auto. Große Räuberameisen sind ausgeschwärmt. Sie treiben Skorpione, kleine Schlangen und allerlei Käfer vor sich her. Werden sie auch in unser Wohnmobil einfallen?
Die schwarze, wuselnde Masse formiert sich. Die Ameisen bilden Kolonnen und kreisen ihre Opfer ein. An jeder Palme führt eine Straße nach oben. Bald darauf plumpsen Tiere in den Sand, zu denen, die die Ameisen anderswo aufgestöbert haben. Wir erleben grausige Kämpfe. Die Ameisen bleiben immer Sieger. Sie transportieren ihre Beute in geordneten Reihen ab. Fast könnte man die Kommandos hören.
Nach drei Stunden ist der Spuk verschwunden. Unser Auto haben sie verschont. Miguel kommt lachend zu uns herüber. Das Dach seiner Hütte sei gereinigt, und auch wir könnten ruhig wieder barfuß laufen. Die Ameisen hätten keinen Skorpion vergessen.
Die Tage reihen sich aneinander. Man vergißt die Zeit in diesem Paradies. Doch als der Wind umschlägt, spült das türkisfarbene Meer Ölbrocken auf den perlweißen Strand.
Das komme in den letzten Jahren häufiger vor, sagt Miguel beunruhigt. Eines Tages werde das Meer den Strand nicht mehr reinigen können, weil es selbst zu schmutzig sei.
„Wenn erst das Meer tot ist", sagt der Maya, „stirbt auch der Mensch."

Warum Paco seinem Präsidenten den Tod wünscht

Die Revolutionäre haben sich die spanische Botschaft in Guatemala-Stadt ausgesucht, weil der Diplomat sich nicht von guatemaltekischen Soldaten schützen lassen wollte. Die Botschaft ist also wehrlos gewesen, und die Besetzung hat keine Schwierigkeiten bereitet. Der Botschafter hat die Campesinos und Studenten auch anhören wollen. Aber die guatemaltekischen Soldaten draußen wollten keine Diskussion zwischen dem Spanier und den Besetzern dulden. Guatemaltekische Probleme gehen doch das Ausland nichts an.
Vielmehr sahen die Militärs jetzt endlich die Gelegenheit, sich des harten Kerns der Revolutionäre zu entledigen. Alle schön beieinander, auf engstem Raum. Also haben sie die Botschaft gestürmt und auf alles geschossen, was sich rührte. Dabei ist das Personal mit den Molotowcocktails der Besetzer verbrannt.

Paco hat nichts damit zu tun — sagt er. Er kniet auf den Stufen von Santo Tomás von Chichicastenango und schimpft auf die Jungfrau Maria. Er tut das nicht in Spanisch, sondern in seinem Maya-Qiché-Dialekt, den kein Fremder versteht. Seine Faust hebt sich in süßliche Rauchschwaden. Die rostige Konservendose, in der der Weihrauch hergestellt wird, pendelt erregt am Draht.
Als Paco mit der Jungfrau fertig ist, nimmt er sich die christlichen Heiligen vor. Alle, die er kennt. Und er kennt viele. Zum Schluß geht er mit den Göttern der Mayas ins Gericht. Paco hat seine Furcht vor den Überirdischen verloren, sowohl vor den fremden, christlichen als auch vor den eigenen, einheimischen.
Während seine Frau geduldig zwischen den Gladiolen und Lilien der Blumenfrauen hockt, tobt Paco vor dem Tor der Kirche. Wann wird es gelingen, den Präsidenten zu erschießen?

Er ist Analphabet. Auch seine Kinder werden in den Bergen von Quiché kaum die Möglichkeit haben, eine Schule zu besuchen.

Seine Familie hat dort Land besessen. Nicht viel. Doch ausreichend, um etwas Mais und Tomaten anbauen zu können. Wenn er dann noch bei der Ernte des Großgrundbesitzers half, konnte er leben, konnte er seine Familie ernähren und kleiden. Nicht ganz sorgenfrei, doch bei einiger Umsicht ohne Hunger. Sonntags sind sie auf den Markt gegangen, um einen Teil des Mais und der Tomaten zu verkaufen. Von dem Erlös erwarben sie Fleisch, manchmal auch Hausrat, einen Spiegel oder eine Plastikschüssel. Die Frau versteht sich mit den Fasern, und so hat sie so manches Kleidungsstück selbst gewoben.
Eines Tages kamen Soldaten. Es sei nicht sein Land, sagten die Soldaten. Aber auf diesem Land hatte doch schon sein Vater gelebt, und davor sein Großvater, und davor sein Urgroßvater. Nie hatte jemand daran gezweifelt, daß dies sein Land sei. Aber die Soldaten ließen sich nicht von dem beeindrucken, was er vorbrachte. Sie blätterten in Papieren, redeten von Dokumenten, und daß alles seine Ordnung haben müsse. Und sie forderten ihn auf, das Grundstück zu verlassen. Als Paco sich weigerte, hoben sie die Gewehre und zielten auf ihn, auf seine Frau und auf seine Kinder. Sie würden ihn erschießen oder ins Gefängnis stecken. Und da wären sie noch großmütig, weil sie gerade müde sind. Da hat Paco sein Land verlassen.
Paco wußte nicht, daß vor einiger Zeit die regierende Junta ein Gesetz verabschiedet hatte, wonach jeder Grundbesitz in Guatemala-Stadt auf einem Amt einzutragen sei. Jedes Grundstück, welches nicht in diesem Amt verzeichnet war, gehörte ab einer bestimmten Zeit dem Staat, der Junta. Da Paco weder lesen noch schreiben kann, erfuhr er nichts von diesem Gesetz. Niemand machte sich die Mühe, das Bauernvolk in irgendeiner Form aufzuklären. Das Transistorradio brachte wie immer schöne, amerikanische Musik und Werbung.
Als man Erdöl im Quiché fand, verkaufte die Junta die jetzt freien Grundstücke an Spekulanten. Und dann verjagte sie nicht nur Paco und seine Familie, sondern alle Indianer, unter deren Besitz das Schwarze Gold vermutet wurde. Niemand hat wegen ein paar dummen Bauern protestiert.

Paco wird heute nicht in die Kirche gehen. Er wird keine Kerzen anzünden. Er wird auch bei der Opferung des Hahnes für den Regengott nicht dabei sein. Der Regengott geht ihn nichts mehr an. Wozu braucht er denn noch Regen? Er verläßt die Stufen von Santo Tomás und irrt durch die Gassen, zwischen Teppichen, Ponchos, Lilien, Tomaten und Bananen. Er drängt sich an den feilschenden Indianern vorbei, die hier, zwischen den weißgetünchten Mauern der Stadt, noch ein wenig Zivilisation kaufen können.
Gegenüber dem Schweinemarkt spielt in einem Hof die Kapelle mit Saxophonen und Trompeten und der Marimba. Sie musizierte gestern die ganze Nacht und spielt heute seit dem Sonnenaufgang. Ein Stück dauert eine halbe Stunde. Es scheint immer dasselbe Lied zu sein, das die Kapelle spielt. Und die Musik ist in der ganzen Stadt zu hören.
Paco kommt in die Kneipe, in der Inge und ich ein Bier trinken. Er bestellt sich eine Flasche Tequila. Und schwatzt und trinkt und hat den ganzen Stolz verloren. Es ist nicht leicht zu verstehen, was er sagt.
„Ist wirklich nicht im Radio davon geredet worden, Paco? Es muß doch im Radio davon geredet worden sein, daß ihr eure Grundstücke eintragen lassen müßt. Ist denn nicht der Bürgermeister gekommen?"
Nein, im Radio war keine Rede davon, das laufe immer, wenn er Batterien habe, und der Bürgermeister sei auch nicht gekommen.
Seine Frau kauert vor der Tür auf dem schmalen Bürgersteig. Sein zehnjähriger Junge hockt sich daneben. Der Bürgermeister habe selbst nichts davon gewußt. Niemand hat von dem Gesetz erfahren. Es ist vielleicht in einer Zeitung in Guatemala-Stadt gestanden. Aber in den Bergen von Quiché gibt es keine Zeitungen, weil ja niemand lesen kann.
Als Paco die Flasche leer hat, schwankt er. Man kann nicht mehr verstehen, was er sonst noch sagt. Er bestellt noch eine Flasche. Da kommt der Junge und bettelt um einen halben Quetzal. Er sieht mich mit müden Augen an, und er weiß, daß

er diesen Betrag bekommen wird. Stumm steckt er die Münze in die Hose. Man wird das Geldstück morgen noch gebrauchen können.
Da röhren Militärlastwagen durch die Gassen von Chichicastenango. Die Soldaten halten Gewehre schußbereit im Anschlag. Sie schauen nur kurz auf die Stufen von Santo Tomás. Die Indios dort interessieren sie nicht. Sie suchen Campesinos, die nicht mehr beten.
Paco hat nichts mehr damit zu tun. Er ist betrunken. Unter strömenden Tränen schleppen ihn seine Frau und sein Junge aus der Cantina, an den Auspuffrohren der Militärlastwagen vorbei. Ich weiß nicht, wo sie Unterschlupf gefunden haben.

Viele Ortschaften im Quiché erreicht man nur über holprige Wege, die sich steil bergauf und bergab durch Pinienwälder winden, zwischen zwei- und dreitausend Metern Höhe. Da viele Dörfer nur zu Fuß zu erreichen sind, führen die hier lebenden Mayas ein beschauliches, von der modernen Welt noch nicht eingeholtes Leben. Und wenn man in eines dieser Dörfer kommt, kann es sein, daß man gutgewachsene Mädchen überrascht, die sich barbusig am Dorfbrunnen die Haare waschen.
Die Nächte sind dunkel in diesen Bergen, denn in vielen Dörfern und Städtchen gibt es noch kein elektrisches Licht. Die Webmaschinen, auf denen die Indianer ihre herrlichen Wollteppiche herstellen, werden noch mit Muskelkraft betrieben. So kann man einen samtschwarzen Sternenhimmel erleben, über dessen südlichem Horizont matt das Kreuz des Südens funkelt, jenes magische Symbol, das allen von Fernweh zerfressenen europäischen Reisenden die tropischen Breitengrade anzeigt und ihnen bedeutet, daß sie bereits einen Blick in den Himmel der anderen Hälfte unseres Planeten tun.
Am Morgen stehen die Mädchen, nun in bunte Tücher gehüllt, vor dem Wagen und möchten Früchte und Gemüse verkaufen. Den Teppich vertauscht der Vater später gern gegen ein Transistorradio oder ein Paar praktischer Schuhe. Der clevere Indianerjunge, der das Geschäft vermittelt hat, wird mit einem hal-

ben Quetzal (eine Mark) Provision belohnt. Wie hätten wir denn sonst den Teppich finden sollen?

Der Touristenstrom indes wird durch eine geteerte Straße an den schönen Atitlánsee geleitet, an tiefblaues Wasser in einer Frühlingslandschaft. Über dem Land thronen zwei riesige Vulkankegel, der Atitlán und der Tolimán. Hier posieren die Indianerinnen auch für ein Foto, doch verlangen sie einen Quetzal dafür. Der ist das Bild mit einem malerischen Mayamädchen allemal wert.
Unweit des Sees träumt die alte Hauptstadt Guatemalas, Antigua, von vergangenen, glanzvollen Zeiten. Vulkanausbrüche und Erdbeben haben von der ehemaligen kolonialen Pracht nur einige Mauern stehengelassen. Sie machen uns mit ihrem rissigen Barock darauf aufmerksam, daß der sichere Erdboden nicht so sicher ist, wie wir immer glauben. Und bereits in der ersten Nacht spüren wir ein Zittern, als ob ein schwerer Lastwagen an uns vorbeifahren würde. Aber es ist weit und breit kein Auto feststellbar.
In Antigua blüht das Schusterhandwerk. In den Gassen nahe der Plaza, Richtung Gemüsemarkt, finden wir eine Werkstatt an der anderen. Ein Meister verlangt für ein Paar maßgeschneiderter Stiefel aus bestem Leder fünfzig Mark. Da erteilen wir natürlich den Auftrag und lassen unsere Füße abmessen und abzeichnen. Die Stiefel, die wir zwei Tage später bekommen, werden uns sicher und bequem über die Anden und durch den Amazonasurwald tragen.
Das Leben in Antigua ist so friedlich, daß man Paco leicht vergessen könnte. Jeder geht hier seinem bürgerlichen Gewerbe nach, als gäbe es das Problem der Campesinos nicht. Die wenigen Polizisten scheinen ihre Revolver nur zur Zierde zu tragen. Die Nachtruhe wird nur durch einen vorlauten Vogel gestört, der den Sonnenaufgang nicht abwarten kann.

Knapp vierzig Kilometer weiter, in der Hauptstadt, ist das anders. An den Einfallstraßen liegen Militärstellungen. Soldaten

kontrollieren jedes Fahrzeug. Als sie uns als Deutsche erkennen, werden sie freundlich. Es sollen dreitausend Deutsche in Guatemala-Stadt leben, meist in angesehenen Positionen arbeiten und sich nicht in die schwierigen Fragen Guatemalas einmischen.
Es wimmelt von Uniformen. Alle öffentlichen Gebäude werden bewacht. In Jeeps und zu Fuß patrouillieren Soldaten mit Gewehren.
Gegenüber dem Nationalpalast, im Schatten von Palmen und verwitterten Pavillons, und vor den Toren der Catedral Metropolitana, scharen Prediger in abgewetzten, schwarzen Anzügen Leute um sich. Zwischen Eisverkäufern und Musikkapellen reden sie auf ihre Zuhörer ein: schuhputzende Kinder, Elende in abgerissener Kleidung, junge Männer, die nicht wissen, wo sie ihre Kraft lassen sollen, und kokettierende Mädchen im neuen T-Shirt von Sears.
„Du brauchst kein Geld und keinen Besitz, nichts zu essen und zu trinken, nicht zu lesen und zu schreiben. Du brauchst auch keine Ausbildung. Du brauchst nur Gott!"
Sprachlos vor Staunen versuchen wir in den Gesichtern zu ergründen, was die Zuhörer über solche Worte denken. Es scheint eine erlaubte Meinung zu sein, denn die Soldaten gehen gleichgültig weiter.
Uns ist angesichts der Waffen nicht wohl. Es gibt keinen Campingplatz in der Hauptstadt. Wir suchen den Deutschen Club und fragen, ob wir auf seinem Gelände übernachten dürfen. Sie haben einen schönen Tennisplatz und ein Schwimmbad. Uns scheint die Stadt nicht sicher zu sein, und eine Mauer und ein Wächter würden uns ruhiger schlafen lassen.
Wir sollen Mitglieder werden und tausend Mark Einstand bezahlen, sagt der Vorstand. Dann dürften wir im Schutz des Clubs übernachten. Es ginge doch nicht an, daß da jeder Tourist... Das könne man von den zahlenden Mitgliedern nicht verlangen.
Enttäuscht fahren wir durch die Stadt, um ein Viertel zu suchen, das wir für sicher halten. Wir finden ein freies Grundstück an einer Plaza in einem Villenviertel.
In der Nacht hören wir Gewehrschüsse.

Da leuchten Scheinwerfer ins Wohnmobil. Wir haben alle Fenster offengelassen, um im Falle eines Falles sofort den Überblick zu haben und — um auch selbst gesehen zu werden, wenn wir das wollen. Der Scheinwerfer fragt nicht danach, was wir wollen. Er blendet uns.
Wir richten uns vorsichtig auf. Der Lichtkegel tastet die Wände ab, erfaßt uns wieder, sucht im Auto herum. Sie stehen auf der anderen Seite des Platzes, im Dunkel der Pinien. Warum kommen sie nicht näher, klopfen an die Tür und lassen sich unsere Papiere zeigen? Weil sie Angst haben! Und Leute, die Angst haben, sind gefährlich.
Der Lichtkegel bleibt auf uns haften. Regungslos starren wir in den grellen Schein. Endlich schalten sie die Lampe aus. Wir nehmen kaum die Gewehre wahr, die sich senken. Wieviele sind es denn? Irgendwo läuft ein Dieselmotor an. Das Geräusch verschwindet allmählich. Wenig später schleicht ein Fahrzeug der Polizei an uns vorbei. Wir erkennen es erst, als es neben uns kurz stoppt und mit den Toplampen aufblinkt. Dann wird es grabesstill.
Und am Morgen bricht in der Stadt eine Schießerei aus. Autos heulen auf. An Ausschlafen ist wohl nicht zu denken.
Auf dem Weg zur deutschen Botschaft treffen wir zwei Busse mit Schweizer Kennzeichen, Touristen, die von Südamerika heraufkommen.
„Dicke Luft hier", sagt Hansjörg. „Ihr solltet nirgendwo alleine stehen in der Nacht. Wenn wir zusammen übernachten würden, könnten wir zu dritt eine Wagenburg bauen. Wie wär's? Am Flughafen."
„Wir werden heute abend dahinkommen. Jetzt fahren wir zur Botschaft. Es ist vielleicht kein Fehler, wenn unsere Vertretung weiß, daß wir da sind."
„Das ist vielleicht kein Fehler", wiederholt Hansjörg nachdenklich.
Der Botschaftsangestellte, Herr Schweizer, überschüttet uns mit Vorwürfen.
„Sie hätten euch erschossen, wenn ihr euch zu schnell bewegt

hättet. Und in der Zeitung wäre gestanden, daß sie Terroristen zur Strecke gebracht hätten."
Ein Minister ist am Morgen ermordet worden.
„Ihr fahrt am besten gleich weiter. Aber auf keinen Fall durch El Salvador. Da ist es noch schlimmer. Sie stehen dort am Rande eines Bürgerkrieges."
Wir müssen aber noch in Guatemala-Stadt bleiben. Wir brauchen einen Schalter für unsere Wasserpumpe und ein neues Zündschloß. Diese Ersatzteile bekommen wir nur in der Hauptstadt.
„Dann übernachtet ihr am besten im Deutschen Club."
Wir erzählen ihm, was uns der Vorstand gesagt hat.
„Das ist doch die Höhe", ruft Herr Schweizer. „Da werde ich gleich anrufen. Wir sind doch jetzt nicht in einer gewöhnlichen Situation..."
Wir erzählen ihm, daß wir mit Schweizern am Flughafen übernachten wollen. Er guckt skeptisch.
„Ich bin nicht so sicher, ob die Guatemalteken drei ausländische Fahrzeuge vorsichtiger behandeln als eines. Ich spreche auf jeden Fall mit dem Deutschen Club. Und dann fahren Sie da noch einmal hin."
Wir übernachten dann aber doch am Flughafen mit den Schweizern. Auf dem privaten Flughafengelände mit einer eigenen Polizei, die auf uns achten will, fühlen wir uns sicher.

Guatemala wird vielleicht zu den Erdölproduzenten aufsteigen. Die Welt wird nicht nach den Methoden der Junta fragen. Sie wird ihnen die schwarze Schmiere aus den Händen reißen. Wir müssen beim Tanken aber von jetzt ab immer an Paco denken.

Indiomarkt in Chichicastenango

Das Opferfeuer auf den Stufen von Santo Tomás brennt für die alten Mayagötter.

Die stolze Mayafrau stillt unberührt von der Umgebung ihr Baby.

Mittelamerika: Schrauben oder doch Patronen?

Die Straße von Esquipulas in Guatemala nach San Pedro Sulas, der größten Industriestadt von Honduras, führt durch bergiges, mit Pinien bewachsenes Land. Sie führt aber auch an die Grenze von El Salvador. Auf der anderen Seite der Berge schlagen sich Linke mit Rechten seit Monaten nicht mehr nur mit Argumenten. In Honduras fürchtet man, daß die bürgerkriegsähnlichen Auseinandersetzungen auch auf Honduras übergreifen könnten. Nach Gründen braucht man auch hier vielleicht nicht lange zu suchen. Das Land versucht, durch Militärkontrollen den Transport von Waffen zu unterbinden.
Vorne stoppt uns schon wieder ein Posten.
Drei Soldaten stürzen sich auf unser Auto, reißen die Tür auf und wollen eindringen. Wir wehren ab. Ein bißchen anständiger können sie sich schon benehmen.
„Nur einer", sagt Inge. Sie steigt aus und heißt den ersten eintreten.
Dieser stolpert herein, in der einen Hand das Schnellfeuergewehr, in der anderen ein Paket Kekse. Er stiefelt in dem Wohnmobil herum, kaut und krümelt den Fußboden voll. Dann will er Papiere sehen.
Seit ein mexikanischer Polizist mir meinen Paß wegnehmen wollte, zeige ich — außer an der Grenze — nur noch einen alten Internationalen Führerschein. Er hat ein Paßbild, einen Stempel und sieht damit recht amtlich aus.
Der Soldat legt das Gewehr auf den Tisch und blättert in dem Papier. Woher wir kommen.
„Aus Alemania."
„Estados Unidos!"
„Nein, aus Alemania."
Es liegt für ihn trotzdem irgendwo zwischen Pennsylvanien und Neuyork. Dann steigt er aus. Waffen hat er nicht gefunden. Er hat ja auch nicht gesucht. Die anderen stehen ratlos am Wagen. Wir fahren weiter und überlegen uns, ob wir uns von diesen

Soldaten schützen lassen würden, wenn wir Honduraner Bürger wären.
Um so mehr überrascht uns der koloniale Charme der kleinen Hauptstadt Tegucigalpa mit ihrem malerischen Stadtviertel Comayagüela. Als wir dann aber Richtung Nicaragua fahren wollen, bricht die Verschraubung der rechten Antriebsgelenkwelle. Wir wissen sofort, worum es geht, da wir durch eine mexikanische Spezialwerkstatt die richtigen Erfahrungen sammeln konnten. Die Spezialisten haben also auch die Gelenkwelle nicht sachgemäß verschraubt.
Es ist Freitag, fünf Uhr, und Volkswagen hat bereits geschlossen. Auf uns wartet also ein Wochenende an einer Ausfallstraße von Tegucigalpa.
Während ich mißmutig unter dem Auto liege und überlege, wie ich die gebrochenen Schrauben aus dem Gewinde bekomme, höre ich, wie Inge von jemandem in Deutsch angesprochen wird. Sie scheint das Deutsch überhört zu haben, denn sie antwortet in Spanisch, daß an unserem Auto nur noch Mechaniker von Volkswagen arbeiten dürften.
Ich krieche unter dem Wagen hervor. Vor mir steht ein dunkelhäutiger Mestize, der in fast akzentfreiem Deutsch erklärt: „Ich wollte ja kein Geld von Ihnen, sondern nur helfen. Außerdem sind die bei Volkswagen auch nur Mechaniker, und zudem von mir ausgebildet."
„Er spricht ja Deutsch", stellt Inge nun fest.
So außergewöhnlich ist das an sich nicht, denn auch in Mittelamerika wird unsere Sprache gepflegt, wie wir im Verlauf unserer Reise gemerkt haben. Doch wer hier unser Idiom spricht, hat meist eine rosige Haut und ist blond.
Wo er Deutsch gelernt hat? Hier in Tegucigalpa, auf der Schule. Viele Honduraner würden Deutsch lernen, weil sie hoffen, in der Bundesrepublik eine Berufsausbildung zu bekommen.
Der Mestize stellt sich als Marcos vor und erzählt, daß er von der Deutschen Gesellschaft für Technische Zusammenarbeit ein Stipendium erhalten hat und in Mannheim Mechaniker lernen durfte. Damit hat er sein Glück gemacht, denn jetzt ist er bei einem

guten Gehalt Lehrer beim Instituto Nacional de Formacion Profesional und unterrichtet Mechanikerlehrlinge. Da er den Deutschen also persönlich viel verdanke, möchte er uns jetzt helfen, wann könnt' er sich schon mal revanchieren?
Und sein Freund neben ihm, Roberto, bereitet sich eben gerade durch einen Sprachkurs auf seine Lehre vor. Er wird im Sommer für zwei Jahre nach Mannheim gehen.
Sie reparieren also unser Auto. Währenddessen schwärmt Marcos von deutschen Städten, von der deutschen Küche und natürlich vom Bier. Das honduranische sei allerdings so viel schlechter auch nicht, was er uns bei sich zu Hause beweisen will. Marcos schwärmt auch von deutschen Mädchen, hat gleich eines in Deutschland geheiratet und mitgebracht.
Doris arbeitet bei der Friedrich-Naumann-Stiftung und hilft beim Aufbau der genossenschaftlichen Ausbildung in Honduras. Sie haben ein Kind, das sie zweisprachig erziehen.
Heimweh hat Doris nicht, wenn auch das kulturelle Leben wenig Abwechslung bietet.
Sie streicht über ihre langen, blonden Haare. „In der Bundesrepublik arbeitet jeder für sich, um Geld zu verdienen. Hier habe ich das Gefühl, gebraucht zu werden, an einem Aufbau mitzuwirken."
Das sei zwar nicht immer ohne Enttäuschung, vor allem, wenn das Geld aus der Bundesrepublik ihrer Meinung nach falsch angelegt wird.
„Sie kaufen den neuesten Computer", sie deutet lachend auf ihren Mann, „und hernach können sie nichts damit anfangen."
Die Arbeit fülle sie aus und verschaffe ihr mehr Befriedigung als eine Stelle in Mannheim.
Sie verdient 1000 Mark im Monat. Marcos bringt 1100 Mark nach Hause. Es sind gute Gehälter, wenn man bedenkt, daß ein Bäcker mit dreihundert Mark zufrieden ist. Sie besitzen ein Häuschen in einer bürgerlichen Wohngegend und beschäftigen zwei Dienstmädchen für je 60 Mark im Monat, „damit die Mädchen von der Straße sind".
Auf die undisziplinierten Soldaten angesprochen, erzählen sie

uns, wie Soldaten in Honduras rekrutiert werden. Eines Tages käme ein Militärfahrzeug ins Stadtviertel gefahren und sammele alle jungen Männer ein, die zufällig hier anwesend sind. Auch Marcos sei schon einmal auf diese Art eingezogen worden. Doris habe Mühe gehabt, das Militär davon zu überzeugen, daß der Dienst eines Lehrers so wichtig für die Nation ist wie der eines Soldaten.
„Schrauben sind notwendiger als Patronen", sagt Marcos dazu.

Wir wandern mit unseren Gastgebern in den Bergen um Tegucigalpa, besuchen Ausflugsrestaurants und kleine Handwerksbetriebe, und die rückständige „Bananenrepublik" mit ihren vielen großen und kleinen Problemen, aber auch mit ihren Vorzügen, bekommt für uns ein vertrauteres Gesicht.

An der Grenze von Nikaragua werden wir zurückgewiesen. Unser Visum sei nicht mehr gültig. Dabei hatte uns der Beamte der Revolutionsregierung in Mexiko-Stadt versichert, das Visum, das er uns in den Paß stempelte, würde erst mit dem Tag der Einreise zu laufen beginnen. Und dann sollten wir dreißig Tage in Nikaragua bleiben dürfen. Der Beamte kassierte zehn Dollar für den Stempel.
Davon wollen die Grenzwächter hier aber nichts wissen. Sie schicken uns nach Honduras zurück, ins Konsulat von Nikaragua des Provinzstädchens Choluteca. Die Dame dort weiß bereits Bescheid und kassiert für das neue Visum noch einmal zehn Dollar. Dann dürfen wir uns der Einreiseprozedur unterziehen.
In Honduras hatten wir noch neun verschiedene Büros oder Schreibtische aufgesucht. In Nikaragua sind es zehn. Da man nicht weiß, welche und in welcher Reihenfolge, muß man sich einen „Führer" nehmen. Das sind Kinder oder Halbwüchsige, die die Zöllner und Polizisten alle gut kennen und sie bisweilen zur Eile antreiben. Der Führer bekommt für seine schwere Arbeit einen Dollar, die einzelnen Einreisestellen verlangen zwei Dollar, ohne Quittung. Die Zöllner stecken das Geld gleich in die Brusttasche. Wenn man eine Quittung verlangt, lacht der

andere nur, und wenn er gutmütig ist, stempelt er irgend etwas aufs Butterbrotpapier. Hör mal, Gringo, du bist mit deinem Auto von Weißgottwo hierhergekommen, du wirst doch ein paar Dollar übrighaben? Und wenn der Zöllner nicht bei guter Laune ist, verbringt man einen Tag in der prallen Sonne, weil ein Formular fehlt. Aber es sind alles Menschen mit Herz, man muß auch ein Herz für ihre Sorgen haben. Und wenn eine junge Dame keinen Paß hat und trotzdem von Guatemala nach Honduras oder von Honduras nach Nikaragua möchte, muß sie ihren Wunsch nur entsprechend vortragen, sie kommt hinüber. Als unser Führer bei José ans Bürofenster klopft, stöhnt José „un momentito". Der Junge drückt die Fensterflügel auf. José zieht sich die Hosen hoch. Maria streift ihr Kleid über. Der Dreijährige hat so lange auf dem Schreibtisch gesessen. Und dann verlangt José von uns, völlig entspannt, zwei Dollar. Wenn du doch so gut wärest, die Frau ein Stückchen mitzunehmen, mit dem Kind. Und woher soll sie einen Paß haben? Sie könnt' doch die Gebühren nicht bezahlen.
Der Kontrolleur, der den Wagen inspizieren soll, ist vollständig betrunken.

Überall stehen Soldaten in schnittigen Kampfanzügen und mit roten Panzermützen. In den Gesichtern steht der Stolz der gewonnenen Revolution. Sie winken uns fröhlich. Sie haben Grund zur Freude.
Jeden Abend hat Somoza seine Söldner in die Städte geschickt und die jungen Männer, die sich gerade auf der Straße befanden, zusammenschießen lassen. Mit diesem Terror wollte er die immer widerspenstigere Haltung seiner Untertanen niederhalten, er wollte damit einer Auflehnung gegen seine Gewaltherrschaft, die nur seinen eigenen Profit sichern sollte, vorbeugen. Der Terror hat nichts genützt. Sie haben trotzdem gesiegt.
Die Revolution ist geschlagen. Doch Managua, die Hauptstadt des Landes, erinnert an eine deutsche Stadt nach dem Zweiten Weltkrieg. Die Straßenzüge führen durch Trümmerfelder, dazwischen ist eine rissige Kirche ohne Dach, sind Säulen ohne Ge-

bäude und die nackten Wände einer Fabrik übriggeblieben. Ein Passant zeigt uns, welche Gebäude vom Erdbeben und welche von Somoza zerstört worden sind. Bei den Fabrikgebäuden hätten die Bomberpiloten sehr wohl zwischen dem Eigentum des Diktators und den anderen zu unterscheiden gewußt. Aber jetzt sei alles, was einmal Somoza gehört habe, Eigentum des Volkes geworden.
Dann müßte das Volk jetzt reich sein. Denn in 45 Jahren Herrschaft ist die Somoza-Familie zum alles bestimmenden Faktor im Lande geworden. Sie kontrollierte weite Bereiche der Landwirtschaft, den gesamten Finanzmarkt, den gesamten Außenhandel, viele Verkehrsgesellschaften und über hundert Industrieunternehmen. Wenn das Volk jetzt kluge Manager finden könnte...
Mit Schubkarren räumen Menschen die Trümmer weg. Mit dem Hammer legen sie neues Kopfsteinpflaster. Auf dem Markt steht ein verbeulter Lastwagen mit Bananen, eingekeilt von Männern und Frauen mit Handwagen, die ein altes Radio oder alte Kochtöpfe verkaufen möchten. Auf den abgeräumten Trümmerfeldern werden Bretterbuden errichtet.
„Baut auf, lernt lesen und schreiben", fordern die Revolutionäre auf Plakaten. Und die Ausbildung tut not. Mit Somoza sind alle Facharbeiter und Angestellte bis zur unteren Führungsschicht geflohen. Weil sie sich mit dem Diktator arrangiert hatten, fürchteten sie — wohl zu Recht — die Rache der Revolutionäre.
Diese Leute fehlen jetzt. Selbst auf der größten Bank schaut ein Angestellter sprachlos auf meinen Reisescheck. Die baren Dollar möchte er gerne wechseln, aber einen Reisescheck hat er noch nie gesehen. Ich beharre auf der Einlösung und darf mich in einem Büro auf einen Sessel setzen. Viele Leute wenden ratlos das Papier, bis sich nach zwei Stunden einer findet, der die Verantwortung dafür tragen will.
Auf der Botschaft erfahren wir, daß die Bundesrepublik mit 50 Millionen Mark helfen will und unter anderen Maßnahmen Mitarbeiter des Postwesens ausgebildet werden sollen.

Wir lernen dort auch einen jungen Deutschen kennen, der nach Nikaragua auswandern möchte. Er ist Landwirt und glaubt, daß er sich auch unter tropischen Bedingungen zurechtfinden wird.
„Hier geht's doch drunter und drüber", wende ich ein.
„Eben", meint er, „sie brauchen hier jetzt Fachkräfte. Sie brauchen mich!"
Am Rande der Stadt stehen noch Warenhäuser. Auf dem Parkplatz wird man von Kindern überfallen, die einem das Auto bewachen möchten. Vielleicht stehlen sie einem dann nicht die Scheibenwischer.
Die Lebensmittelregale sind leer. Es gibt keinen Zucker und kein Speiseöl. Jemand flüstert mir ins Ohr, wo es spanisches Olivenöl zu kaufen gäbe, für 30 Mark die Flasche. Die Leute sagen eine Hungersnot voraus. Die Felder sind verbrannt, und das Land hat kein Geld, Nahrungsmittel einzuführen. Und die 50 Millionen Mark werden wohl nicht reichen.
An einem mangelt es nicht. Es muß genug Zuckerrohr übriggeblieben sein, um Alkohol daraus zu machen. Die Schnapsabteilung ist gut sortiert.

In den Bretterbuden am Straßenrand wird über die Zukunft des Landes debattiert. Eine Gruppe von jungen Männern möchte schnelle, sozialistische Hilfe aus der Sowjetunion hereinholen.
„Wenn ihr das macht", empört sich ein Soldat, „dann richt' ich das Gewehr — auf euch!"

Ein bürokratisches Abenteuer in Guayaquil

Zwischen Nord- und Südamerika besteht keine Straßenverbindung. Die Panamericana hört irgendwann im Dschungel von Panama auf. Der Bau der Straße von Panama nach Kolumbien ist zwar geplant, der Urwald und die Sümpfe stellen aber solche Schwierigkeiten dar, daß man sicher noch eine lange Zeit warten muß, bis Autos von Norden nach Süden und umgekehrt rollen können.
Wir müssen unser Auto am Ende der Straße auf ein Schiff verladen lassen, im Hafen von Balboa, in der Kanalzone Panamas. Weil alle Globetrotter, die von Norden nach Süden wollen, hier vorbei müssen — wenn sie ihr Auto nicht bereits in den Vereinigten Staaten oder Guatemala verschiffen —, ist unser Wagen nicht der einzige, der am Kranen der SANTA BARBARA baumelt. Es werden noch drei Volkswagenbusse verladen. Die drei Pärchen sind uns nicht fremd. Wir haben uns im Laufe der Reise durch Amerika immer wieder einmal getroffen. Am häufigsten mit Heidi und Klaus aus Berlin. Und Klaus, der sich gut mit Autos versteht, hat uns so manche Mark an Wartungskosten gespart.
Da der Kapitän keine Passagiere mitnehmen will, begeben wir uns zum Flughafen, um nach Guayaquil zu fliegen, wo die Autos ein paar Tage später ankommen werden.
Heidi und Klaus haben sich noch eine Spiegelreflexkamera gekauft, die in Panama besonders billig sein sollen, wenn man sie zollfrei erwerben kann. Um den Zoll zu sparen, muß man sich die Ware an den Flughafen bringen lassen, wo man sie eine Stunde vor Abflug in Empfang nehmen darf. Als Heidi und Klaus voller Erwartung ihr Päckchen öffnen, fehlt das ebenfalls gekaufte und bezahlte Blitzgerät. So ist der Fotoapparat nicht mehr so billig.
„Das ist Betrug", schimpft Klaus und geht zur Flughafenpolizei, um den Händler anzuzeigen.
Der Polizist ist sehr hilfsbereit und schreibt alles auf. Dann möchte er Geld für ein Taxi, damit er in das Geschäft des

Händlers fahren könne. Und das Gerät würde er dann nachschikken.
Da gibt Klaus auf.
„Was meinst du wohl, was er mit dem Geld macht?" fragt er mich. „Er wird sofort Bier trinken gehen. Und wenn er dann bei Gelegenheit mal bei dem Händler vorbeikommt, wird er von ihm die Hälfte von dem Blitzgerät verlangen."

Wir fliegen also nach Guayaquil und warten dort auf die Autos. Natürlich sind wir nicht untätig, bis eine Benachrichtigung des Reedereiagenten eintrifft. Bis dahin würden die Fahrzeuge nämlich nicht mehr ganz vollständig im Hafen stehen. Wir schauen jeden Tag selber im Hafen nach, ob die SANTA BARBARA am Kai liegt. Und als das Schiff dann da ist und die Autos schließlich neben den Hafenschuppen auf einem ausgedehnten Lagerplatz stehen, möchten wir rasch die Zollformalitäten erledigen, um den Hafen zu verlassen. Es wimmelt dort von Moskitos.
Aber das geht nicht!
Nach einigem Hin und Her gelangen wir in das Büro von Zollchef Einsa (die nachfolgenden Namen entspringen meiner Fantasie). Er empfiehlt uns einen Agenten, der die Zollformalitäten für uns erledigen soll. Aber der kostet hundertfünfzig Dollar. Das ist uns zu teuer. Wir möchten das Geld sparen.
Nun gut, meint Zollchef Einsa — bei ihm arbeiten zwei Sekretärinnen —, vielleicht gelingt es uns, die Autos ohne Agenten aus dem Zoll zu bekommen.
Zuerst schickt er uns zu einer Formularstelle, um das Bearbeitungsformular zu kaufen. Als wir zurückkommen, stellt sich heraus, daß wir die Formulare in doppelter Ausführung benötigen. Währenddessen drängen sich verschiedene Agenten auf, die unsere Fälle bearbeiten möchten. Als wir nicht wollen, wirft sie Einsa hinaus. Und die Sekretärin Fräulein Dick beginnt, den ersten Formularsatz auszufüllen. Sie tippt ab und zu einen Buchstaben, macht immer wieder mal etwas anderes, flirtet und schwätzt, bis es fünf Uhr ist. Also morgen.
Wir treffen einen Freund aus den Vereinigten Staaten, der sich

für hundertfünfzig Dollar einen Agenten gekauft hat. Und er sagt, ohne Agenten sei es aussichtslos.
Am nächsten Tag arbeitet Sekretätin Dick ab acht Uhr im gleichen Rhythmus weiter. Ich bin seit der ersten Arbeitsminute helfend dabei. Gegen elf Uhr fällt ihr ein, daß wir eine Bestätigung des ekuadorianischen Automobilclubs ANETA benötigen, daß unsere Carnets in Ordnung seien. Ein Carnet de Passage ist eine Garantie des eigenen Automobilclubs an das Gastland, daß er das Fahrzeug ordnungsgemäß verzollt, wenn es nicht wieder ausgeführt wird. Der Inhaber eines Carnets hat dem eigenen Club eine Bankbürgschaft hinterlassen oder Geld hinterlegt. In vielen Ländern Südamerikas muß man diese Garantie vorzeigen, wenn man einreisen möchte, und muß dann dafür sorgen, daß auch die Ausreise bestätigt wird. Sonst wird man von der Bürgschaft nicht befreit.
Wir fahren also in die Stadt und suchen den Automobilclub, warten dort auf die Sekretärin, die gerade nicht da ist, und wir bekommen dann von ihr, gegen eine Gebühr, die gewünschte Bescheinigung.
Wir fahren zurück. Fräulein Dick arbeitet weiter, etwas zügiger, so daß sie gegen Abend mit dem Ausfüllen aller Formulare fertig ist. Fräulein Dick macht dann ein Anschreiben an den Zollchef Einsa, der neben ihr sitzt, und bittet ihn schriftlich in mehrfacher Ausfertigung, die nachstehend genannten Fahrzeuge zu einer Reise durch Ekuador freizugeben. Fräulein Dick stempelt verschiedene Felder voll, dann gehen die vier Fälle zu Fräulein Negroid. Diese stempelt ebenfalls, unterschreibt an verschiedenen Stellen und leitet alles an den Zollchef. Nachdem er auch unterschrieben hat, werden wir in die Abteilung Nummerierung verwiesen.
Dort stellt Herr Mürrisch fest, daß wir von den Bescheinigungen des Automobilclubs Fotokopien haben müßten. Wir stellen einen Antrag auf Fotokopien aus, lassen dann die Fotokopien anfertigen, und Herr Mürrisch kann die Unterlagen zur Nummerierung an Herrn Lustig weitergeben. Hier brauchen wir noch jeweils eine Fotokopie der Pässe. Also wieder zurück und...

Die nächste Abteilung ist die „Comprobación", die Kontrolle. Wir warten vor dem Schalter von Herrn Schön. Er streitet aber gerade mit einem Importeur, der irgend etwas falsch gemacht hat, und es geht so erregt zu, daß Herr Schön zu zittern beginnt und wir fürchten, daß er einen Nervenzusammenbruch bekommt. Er beruhigt sich kurz vor Feierabend wieder, möchte unsere Fälle aber nicht mehr bearbeiten. Wir schmeicheln ihm, es sei wichtig für uns, für ihn, für Deutschland und für Ekuador. Herr Schön zeigt sich entgegenkommend und beginnt noch einmal zu arbeiten. Dabei verliert er einen Teil der Formulare. Sie fallen ihm auf den Boden. Das merkt Herr Schön nicht, weswegen er nach einer Zeit zu schimpfen beginnt, ich hätte ihm unvollständige Unterlagen gebracht. Das könne er nicht bearbeiten. Ich mache ihn darauf aufmerksam, daß ein Teil des Papiers auf dem Boden liegt — da dürfen wir sogar in sein Büro eintreten.
Die vier Fälle gehen dann weiter zu Herrn Blass, von dort zu Herrn Wuchtig, von dort zu Herrn Groß und zu Herrn Klapprig, von dort zu Herrn Hager und dann wieder zu Herrn Wuchtig. Jeder der Herren trägt etwas ein, hakt etwas ab, stempelt und unterschreibt. Schließlich hebt Herr Wuchtig eine Ausfertigung der Formulare in einem Buch auf, den anderen Teil gibt er Herrn Hager. Es ist Feierabend. Wir sollen morgen früh wiederkommen. Einer sagt etwas von Trinkgeld. Das überhören wir.
Am dritten Tag trägt Herr Wuchtig die Fälle in ein Buch ein. Wir bekommen einen Teil der Formulare und werden damit in die „Zona franca" geschickt. Herr Alt ist so freundlich, uns hinzuführen, weil wir nicht wissen, in welcher Ecke des Hafens das sein soll. Hier arbeiten Herr Frisch und sein Gehilfe an den Fällen. Sie schicken uns dann in die „Bodega 5", eines der Lagerhäuser am Kai. Am Tor möchte der Wächter Passierscheine ausstellen. Das reden wir ihm aber aus, weil wir nicht warten wollen, und da läßt er uns ziehen. In der „Bodega 5" müssen wir lange suchen, bis wir das Büro von Herrn Eifrig finden, eine Treppe hinauf, dann links... Aber der Chef ist nicht da. Also warten wir.

„Buenos dias, Jefe", rufen sie endlich. Und die Helfer stempeln und zeichnen an unseren Fällen herum und reichen sie dem „Jefe". Der unterschreibt auch noch einmal alles. Das Stempeln nimmt ihm einer der Helfer ab, der an den Schreibtisch des „Jefe" geeilt ist. Die Fälle kommen dann zu Herrn Listig, der Zusätzliches einzutragen hat. Und bei ihm sind — o Wunder! — die anderen Teile unserer Fälle, die Herr Wuchtig von der „Comprobación" zurückgehalten hat, wieder aufgetaucht. Der Lehrling hat dann auch noch etwas an den Formularen zu tun. Sie schicken uns schließlich zur „Bodega 4". Das liegt etwas weiter weg.

Wir finden einen hilfsbereiten Arbeiter, der uns hinführt. Wir gelangen an den Schreibtisch von Herrn Spieler — er spielt gerade mit einem Kollegen Mühle. Er staunt darüber, daß vier deutsche Autos einreisen möchten, gibt sein Mühlespiel aber auf und beginnt zu unterschreiben und zu stempeln. Seine Intelligenz stellt er unter Beweis, als er fragt, warum man für die Bewilligung eines Transits durch Ekuador den Formularsatz zweifach benötige. Herr Asthma klärt ihn auf: „Es para la guarantia." Aha, erkennt Herr Spieler, und gibt die Fälle an Herrn Asthma weiter. Dieser vertritt offenbar auch noch einen Kollegen, denn er bearbeitet an seinem Schreibtisch jeden Fall und geht, mit jedem Fall einzeln, an einen anderen Schreibtisch, um ihn da weiterzubearbeiten.

Man schickt uns zur „Bodega 5" zurück, wo Herr Eifrig noch einige Stempel und Haken vornimmt. Ein Bote geleitet uns in das Gebäude der Zollverwaltung zurück, wobei der Wächter uns nun freundlich anlächelt. Wir gelangen zur Abteilung „Liquidación". Herr Sexy verliert einen Teil der Unterlagen, die wir aber mit unseren administrativ vorgebildeten Nasen aufspüren. In diesem Büro stehen zwanzig Schreibtische... Wir nehmen aber nur acht in Anspruch, müssen indes zwischendurch über die Straße zur „Portuaria", um an einem Schalter einen Stempel mit Unterschrift zu holen. Dann bekommen wir die Rechnung über die Zollbearbeitungsgebühren. Ein Prozent vom Wagenwert, der aus dem Carnet hervorgeht. Bezahlt wird an einer Kasse.

Dann wenden wir uns der Abteilung „Colecturia" zu. Herr Nörglig stellt hier fest, daß die Fotokopie der Bestätigung über die Richtigkeit unseres Carnets fehlt. Ja, wo ist sie denn geblieben? Außerdem fehle die Fotokopie des Carnets selbst! Und nicht beglaubigt! Wir müssen also zu Herrn Gelb.
Dieser möchte ebenfalls die Fotokopien, wenn auch nicht unbedingt beglaubigt. Also beschaffen wir die Fotokopien, wieder mit Antrag und so weiter. Herr Gelb ist mit den Fotokopien nicht zufrieden, weil sie schlecht leserlich sind. Das alte Gerät tuts halt auch nicht mehr. Wir zeichnen die Buchstaben alle nach. Herr Gelb ist damit zufrieden.
Herr Gelb arbeitet zwei Stunden hinter seinem Fenster wie ein Besessener. Vor seinem Fenster bildet sich derweil eine Schlange. Als die Wartenden unruhig werden und zu schimpfen beginnen, kommt Herr Gelb aus seinem Büro und erklärt, daß er hier die Fälle von vier Ausländern zu bearbeiten habe, die müsse er erst abschließen, bevor er sich wieder nationalen Angelegenheiten widmen könne. Herr Gelb geht bei seiner Tätigkeit immer wieder zur Abteilung „Colecturia", zu Herrn Nörglig. Als er fertig ist, landet alles bei Sekretärin Dick, damit es der Zollchef Einsa unterschreiben kann. Da der aber nicht im Hause ist, soll es Einsbe tun. Der ist aber gerade in einer Konferenz. Wir warten, bis er kommt und seines Amtes waltet.
Die Unterlagen laufen weiter, zu Herrn Gräulich und zu Herrn Müde, und da fehlen wieder Fotokopien und die blauen und die gelben Durchschläge. Die hat Zollchef Einsbe vergessen. Und als ich dann mein Carnet in der Hand halte, haben sie den Einreisestempel vergessen. Ich könnte das Auto jetzt in Ekuador verkaufen. Ohne Einreise keine Ausreise.
Am vierten Tag müssen wir zur „Portuaria", zu Herrn Klein und zu Fräulein Charmant. Wir bekommen noch einmal eine Rechnung über eine Bearbeitungsgebühr, und ich verliere die Geduld, möchte nichts mehr bezahlen und verlange, den obersten Chef des Hafens zu sprechen.
Das ist Herr Freundlich. Er residiert im ersten Stock und hört sich geduldig mein Anliegen an. Er liebt Borussia Mönchenglad-

bach und schwärmt von Uwe Seelers Fallrückziehern, geht zu einem Geheimnisvollen, kommt zurück und versucht mit dem Automobilclub zu telefonieren. Er bekommt aber keine Verbindung. Herr Freundlich bedauert, im Augenblick nichts in meinem Fall tun zu können. Er verweist uns an Herrn Buchhalter. Der würde uns weiterhelfen.
Herr Buchhalter arbeitet wieder Parterre, und er erklärt trocken, wenn wir heute nicht bezahlen, koste es morgen den zehnfachen Preis.
Also bezahlen wir bei Frau Breit und gehen anschließend zu Fräulein Charmant, um die Quittung in Empfang zu nehmen. Dann muß ich mit dem restlichen gelben Formular zu „Portuaria", zu Herrn Klein und zu Herrn Nebensitzer.
Herr Nebensitzer sagt, er könne den Fall nicht weiterbearbeiten, weil das blaue Formular fehle. Ich glaube, daß ich jetzt unfreundlich werde. Nebensitzer geht daraufhin zu Herrn Dunkel und fragt. Herr Dunkel hört mich von ferne an und gestattet Herrn Nebensitzer, ausnahmsweise einmal das gelbe Formular zu nehmen. Also schreibt Nebensitzer den Passierschein für die Autos aus und nimmt uns alle Quittungen und Rechnungen ab. Die brauchen wir aber doch. Wir müssen doch wissen, was das alles gekostet hat! Wir könnten uns ja Fotokopien machen lassen, meint Herr Nebensitzer. Also wieder einen Antrag auf Ausstellung von Fotokopien, gegen Gebühr, versteht sich...
Mit den Fahrbefehlen eilen wir auf den Zollhof, zu den Autos. Wir können aber noch nicht abreisen, weil wir vom Turm noch das grüne Formular holen müssen. Am Tor des Zollhofes prüft man Paß und Fahrgestellnummer und verlangt Zigaretten. Da wir keine hergeben wollen — ich habe sowieso keine —, schickt man uns zu Herrn Dunkel zurück, damit die Fahrgestellnummer auf den Passierschein geschrieben wird. Herr Dunkel läßt dies von einem Helfer ausführen. Als wir zurückkommen, ist alles klar, und wir dürfen den Lagerplatz mit den Autos verlassen.
Jetzt kommt noch das Hafentor. Die Wächter sind gerade mit einem Lastwagen beschäftigt. Der steht so geschickt, daß wir an ihm vorbei ins Freie fahren können. Inge und ich führen die

Kolonne an, und Gas und nichts wie hinaus! Es könnt' ja noch das lila Formular gebraucht werden, und das haben wir nicht.
Wir kommen hinaus. Die anderen schaffen es nicht mehr. Sie werden gestoppt. Es fehlt tatsächlich ein Formular, das gelbe, das Herr Nebensitzer nehmen mußte, weil das blaue verschwunden war.
Unsere Freunde stellen die Fahrzeuge so auf, daß kein Auto in den Hafen weder hinein- noch hinausfahren kann. Sie steigen aus, Männer und Frauen, und umringen die Wächter drohend mit finsteren Gesichtern. Auf beiden Seiten des Hafentors bilden sich Staus von Lastwagen. Die Sonne glüht auf den Beton. Das Thermometer ist auf 33 Grad geklettert. Die Fahrer beginnen die Signalhörner ihrer Laster zu betätigen... Da setzen sich die drei Volkswagen in Bewegung.
„Hast du alles genau aufgeschrieben?" fragt mich Klaus später.

Ich versichere, daß ich nichts hinzugefügt, eher etwas vergessen habe. Und ich will nie wieder auf deutsche Bürokraten schimpfen.

Äquatorsonne

Ekuador verdankt seinen Namen jener Linie, die mit einer Länge von 40.000 Kilometern um die dickste Stelle unserer Erde läuft und mit der die Geographen den Planeten in zwei Hälften teilen, in die nördliche und in die südliche Halbkugel. Das Land ist mit 270.000 Quadratkilometern etwas größer als die Bundesrepublik, hat aber nur 7,5 Millionen Einwohner. Es ist uns eigentlich nur als Lieferant von Bananen bekannt. Seit man in den Urwäldern am Rio Coca und am Rio Aguarico Erdöl fördert, findet es stärkere Beachtung bei den Industrienationen. Das Schwarze Gold sorgt mit seinen Erlösen für eine ausgeglichene Zahlungsbilanz, auch für eine stabile Währung und — für einen erfreulich niedrigen Benzinpreis: Der Liter kostet acht Pfennig, und für fünf Mark hat man den Tank voll.
Die Sonne, die ihre Strahlen in dieses Land schickt, ist mit Vorsicht zu genießen. Auch wenn sie nicht scheint, und sie scheint häufig nicht, ist ihre Wirkung auf arglose Europäer verheerend.
Als ich an einem Nebeltag in Badehose am Strand des temperamentvollen Pazifiks von Ayange Portete Grande spazieren gehe — die Luft ist 29 Grad warm, wer wird sich bei Nebel Sonnencreme auf die Haut schmieren? — bekomme ich innerhalb von zwei Stunden einen Sonnenbrand mit Brandblasen auf den Rükken, die wir mit Antibiotikasalbe behandeln müssen. Oben, in den Anden, in drei- und viertausend Meter Höhe, fängt die Haut schon nach einer halben Stunde an zu beißen, auch wenn dicke Wolken die Schneegipfel Cotopaxi und Chimborazo verstecken.
Wir begreifen also, warum die Indianer in den Bergen alle einen Filzhut tragen. Die Mestizen in der Küstenebene bevorzugen den Panamahut — der nicht in Panama, sondern in Ekuador hergestellt wird —, wenn sie an die frische Luft gehen. Nur Einwanderer aus Afrika dürfen sich ungestraft dieser Sonne ohne Hut aussetzen. Die Waldindianer, denen die Natur alles schenkt, bekommen auch dies ohne Anstrengung. Sie dürfen nackt herumlaufen, weil das Blätterdach des Dschungels sie schützt. Inge

Ein tüchtiger Verkäufer in Panama

Typische Wohnung in Panama

Schuhputzer in Guayaquil

Die Bevölkerung an der Westküste Ekuadors wohnt in diesen Cabañas.

Den heißen Nachmittag verbringt man im Erdgeschoß.

Colorado-Mädchen

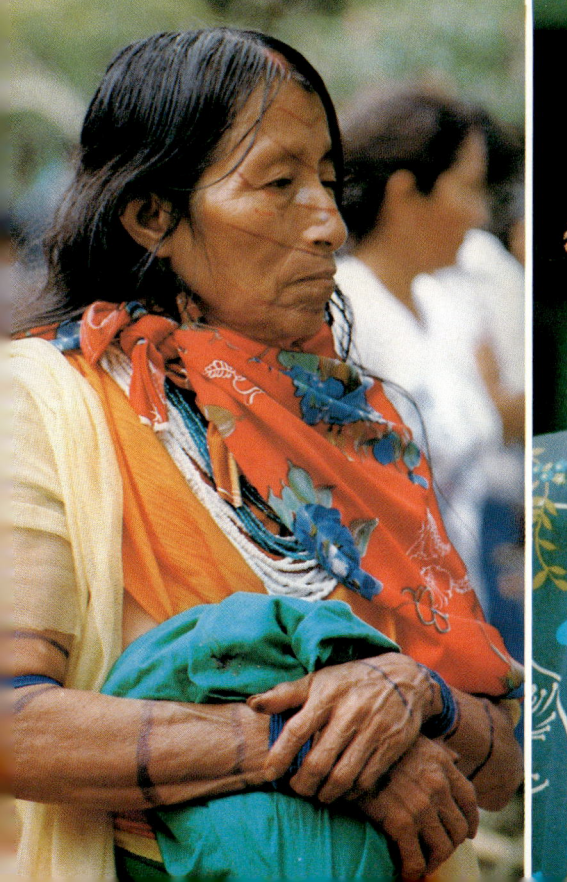

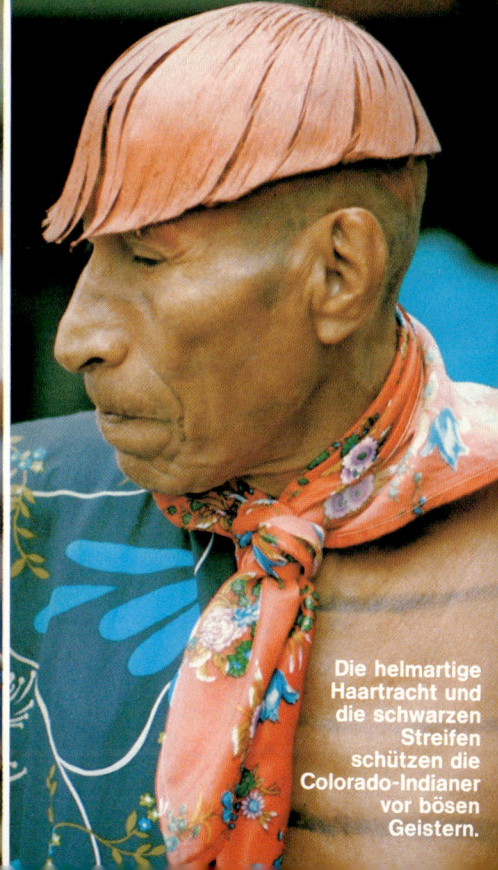

Die helmartige Haartracht und die schwarzen Streifen schützen die Colorado-Indianer vor bösen Geistern.

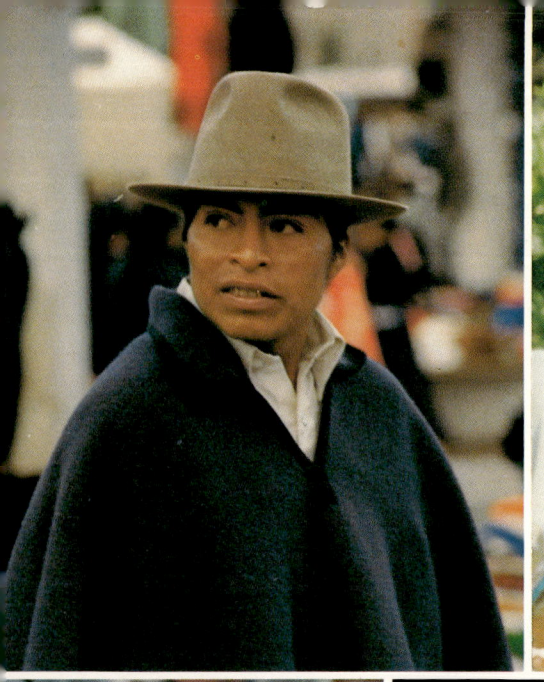

Hut und Poncho geben
den Otavalos ein weltmännisches Aussehen.

Die Otavalo-Frauen
unterstreichen ihre Anmut geschickt mit Perlen.

und ich tragen am Äquator jedenfalls fortan einen Hut, auch wenn es regnet.
Andrerseits scheinen die hohen Temperaturen unsere europäischen Körper nicht zu belasten. Vielleicht ist die Umstellung mehr ein psychologisches Problem. Als sie vollzogen ist, fühlen wir uns bei dreißig Grad sehr wohl, und wenn die Temperatur nachts einmal unter vierundzwanzig Grad absinkt, frieren wir, wie alle anderen Bewohner tropischer Regionen. Die Haut ist sensibel für geringe Temperaturschwankungen geworden.

Die Straße von Guayaquil an die Küste führt zunächst durch eine grüne Landschaft mit üppiger Vegetation, die in feuchtwarmer Luft die ärmlichen Cabañas der Landarbeiter zu verschlingen droht. Je näher man aber an den Pazifik kommt, um so trockener wird die Luft. Scheinbar übergangslos gerät man in eine Wüstenlandschaft mit trockenem Boden, dornigem Gestrüpp und vereinzelten Kakteen. Nur in Tälern, in denen während der Regenzeit ein Andenfluß den Weg bis ans Meer schafft, gedeihen Kokospalmen.
Ursache dieses ungewöhnlichen Küstenwetters ist der Humboldtstrom. Er führt kaltes Wasser aus der Antarktis die südamerikanische Küste herauf. Es erwärmt sich zwar hier am Äquator zu einer angenehmen Badetemperatur, die Wolken jedoch schlagen sich erst fünfzig bis hundert Kilometer im Landesinneren nieder, wo sich die ersten Berge fünfhundert Meter hoch erheben.
Die Gegend wird schließlich so trocken, daß das Wasser mit Lastautos zu den Bewohnern transportiert werden muß. Die Menschen leben an staubigen Straßen in Häusern aus Bambus, Reisig und geflochtenen Matten. Das Wasser speichern sie in Blechtonnen. Wenn sie damit dann einige Tomaten oder Bananen ziehen, sind diese nur für den Eigenbedarf.
Da es hier kaum Kaufkraft gibt, wird auch wenig verkauft. Wir müssen lange suchen, bis wir ein Geschäft finden, in dem wir uns versorgen können. Und hier besteht das Angebot aus Coca Cola, Bier, Honig in einer Whiskyflasche und etwas Reis. Eine

Frau kauft eine Handvoll Reis und einen Fingerhut voll Öl. Wir entdecken auch Brot. Aber das ist so mit Fliegen überladen, daß wir auf den Kauf verzichten.
Wenn die Fischer nicht getrunken haben und aufs Meer gefahren sind, bekommen wir Fisch in ausreichenden Mengen und zu Pfennigbeträgen. Wir müssen nur lange genug am Strand auf ihre Heimkehr warten und dann mit ihnen verhandeln.
Wir hätten aber auch gerne Obst und richtiges Brot!
Die Leute erzählen uns, daß bei Manglaralto ein Pfarrer aus der Schweiz lebe, der uns vielleicht helfen könne. Wir fahren also die Küste entlang nach Norden und finden ihn in dem Tal eines ausgetrockneten Flusses.
Pfarrer Stäheli ist nicht nur Seelsorger, er ist auch Landwirt. Er bohrt mit modernen Mitteln nach Wasser, das da in der Tiefe sein muß. Und weil er kräftige Pumpen hat, kann er es in so großen Mengen fördern, daß er das Tal in eine tropische Gartenlandschaft verwandelt hat und mehrfach im Jahr erntet. Zwei Krankenschwestern und ein junger Mechaniker helfen ihm bei der Arbeit auf seiner Station.
Brot und Obst wollen sie uns nicht verkaufen. Sie schenken es uns, Papayas, Orangen, Lemonen und richtiges selbstgebackenes und knuspriges Bauernbrot.
Pfarrer Stäheli lädt uns zu Wurststullen und Bier ein und meint, wir sollten ein paar Tage bleiben. Der letzte Besuch von Europäern sei schon zu lange her.
In einer großen, offenen Veranda befindet sich die Bibliothek. Am Äquator ist die Sonne immer pünktlich. Sie geht um sechs Uhr auf und um achtzehn Uhr unter. Während im roten Licht Kolibris von Blüte zu Blüte schweben — die Brasilianer nennen sie Blumenküsser — und Grillen ihr Nachtkonzert beginnen, streift uns ein kühler Abendwind. Und Pfarrer Stäheli sagt das, was alle sagen, wenn wir sie fragen, warum sie dem bequemen und abwechslungsreichen Leben Europas den Rücken gekehrt haben: „Hier bin ich frei" und: „Sie brauchen uns".
Selbst in der Seelsorge sei in Europa alles organisiert und spezialisiert. Hier kennt er jeden, hilft hier einem kranken Kind, dort

eine Wasserpumpe zu reparieren, zeigt, wie man Brunnen baut, lehrt, wie Pflanzenschutzmittel angewendet werden. Ohne Wasser wächst hier nichts, und wenn, dann wachsen die Würmer mit derselben Geschwindigkeit wie die Tomaten. Da muß die richtige Dosierung des Giftes gefunden werden, damit man die Schädlinge tötet, ohne die Früchte zu verbrennen. Der Winter fehlt, der Insekten in ihrer Vermehrung unterbricht und den Boden regeneriert. Pfarrer Stäheli zeigt also auch, wie man den Boden schont.
„Warum bauen die Ekuadorianer keine Wasserleitung von den Bergen? Da fließt und verdunstet doch genug."
Das sei eine Geldfrage, meint der Pfarrer. Das müßten die Verbraucher finanzieren, und dann wäre das Wasser viel zu teuer.
„Hier scheitert ein Leben schon, wenn der Preis für ein Ersatzteil der Wasserpumpe zu hoch ist oder wenn kein Pflanzenschutzmittel gekauft werden kann."
Keine Boutiquen, keine Diskothek, kein Fernsehen und kein Rundfunk, die Mädchen Pia und Anne und der Mechaniker Andreas sind nicht an den Äquator gekommen, um Geld zu verdienen und es auf europäisch abwechslungsreiche Art wieder auszugeben. Sie hat der Idealismus hierhergeführt. Sie wollen helfen. Einsam fühlen sie sich nicht.
Der junge Mann hilft am nächsten Tag einem Mestizen, den Motor seines alten Autos in Gang zu setzen. Vor dem Sanitätszimmer stehen Frauen, Kinder und einige Männer in einer Schlange. Sie haben irgendwelche Leiden und möchten von den beiden Mädchen behandelt werden. Ein Medizinstudent aus Guayaquil hilft dabei. Krankheiten gibt es genug am Äquator, aber keine Ärzte und keine Medikamente, wenigstens nicht für die armen Leute, wie die von Manglaralto. Da bedeuten europäische Krankenschwestern und ein Medizinstudent allemal eine willkommene medizinische Versorgung. Häufig genügt schon eine Salbe, die eine Infektion eindämmt und damit ein Leben rettet.
Die Mestizin Angela erwartet ihr viertes Kind. Sie ist kaum über zwanzig. Sie hat Schmerzen bekommen und möchte jetzt nicht so lange warten, bis sie an der Reihe ist. Offenbar sieht sie auch

in uns ärztliche Helfer, denn sie beginnt, uns ihr Leiden zu erklären und möchte von uns behandelt werden. Das können wir natürlich nicht. Aber wir haben für ihre fünfjährige Tochter, die zu ihren Füßen im Sand spielt, ein Päckchen Malstifte und Zeichenpapier. Das wird vielleicht die Wartezeit verkürzen. Es ist unbeschreiblich, welche Freude wir bei Angela und ihrer Tochter auslösen. Man stelle sich den Luxus vor, weißes Zeichenpapier und Farbstifte in einer Schilfcabaña im Staub!
Die Farm trägt sich einigermaßen von selbst. Das Geld für die Medikamente und für soziale Hilfen bekommt der Pfarrer von seiner ehemaligen Gemeinde in der Schweiz. Ohne diese Zuwendungen könnte er zwar beten, aber sonst nichts ausrichten. Der Mensch kann die Schwachen nicht einfach Gott überlassen. Er hat eine Verantwortung zu tragen, und deswegen möchte Pfarrer Stäheli nicht nur beten, sondern mit seinem europäischen Wissen diesen Armen hier helfen, sie aus ihrer Lethargie reißen, damit sie eines Tages aus eigener Kraft mit den Launen der Natur fertig werden. Und man sieht dem Pfarrer an, daß er nicht nur die Bibel in den Händen hält.
In der Nacht regnet es, was ein Tropenhimmel nur hergeben kann. Unsere Gastgeber sitzen mit entspannten Gesichtern in den Schaukelstühlen auf der Veranda.
„Der Regen wird für viele ein Ansporn sein", lächelt der Pfarrer. Er hat nicht darum gebeten, aber als wir ihm erzählen, daß wir zuviel Wäsche dabei hätten, nickt er unmerklich.

Ein paar Tage später holpern wir über die Wellblechpiste, die von Manglaralto an der Küste entlangführt, durch die Fischerdörfer Puerto Lopéz und Puerto de Cayo. Von dem Regen ist keine Spur mehr zu finden. Die Äquatorsonne hat in wenigen Stunden den Boden wieder ausgetrocknet.
Am Nachmittag überqueren wir eine Hügelkette landeinwärts. Danach ist die Landschaft verwandelt: wuchernder Pflanzenwuchs in einer Treibhausluft. Das Wasser hier müßte sich doch in Leitungen an die Küste schaffen lassen. Das gäbe ein herrliches Ferienparadies!

In den meisten Ländern Lateinamerikas, sicher nicht in Chile oder Argentinien, muß der Autoreisende seinen Übernachtungsplatz mit Sorgfalt aussuchen. In der Wildnis ist das leichter. Wo keine oder wenig Menschen sind, droht kaum Gefahr. Sonst aber ist ein sicherer Platz zum Schlafen notwendig.
Der Tod ist hier so gewöhnlich wie das Leben. Ein unbedacht ausgesprochenes Wort kann den, der sich dadurch beleidigt fühlt, dazu verleiten, den Revolver zu ziehen. Ein Menschenleben ist hier nicht so viel wert wie ein Fotoapparat. Der Reisende ist immer in Gefahr, deswegen umgebracht zu werden. Daß diese Gefahr ernst zu nehmen ist, wissen wir aus eigenen Erfahrungen und den Erlebnissen von Freunden. Auf unserem Autodach ist schon einmal einer gesessen, der wollte unsere Dollar. Der hatte aber keinen Revolver dabei, und als wir aus dem Schlaf fuhren, haben wir nicht lange überlegt. Der andere mußte zusehen, wie er dann vom Autodach wieder herunterkam. Ein uns befreundetes Ehepaar hatte da weniger Glück. Ihnen wurden in Ekuador die Reifen durchgeschossen, und vier Banditen haben sie verprügelt, vergewaltigt und ausgeraubt.
Die Polizei ist schlecht ausgerüstet und unterbezahlt, und sie spürt kein Verlangen, sich unnötigen Risiken auszusetzen. Und es gibt Gegenden, da sollte man zu Polizisten kein Vertrauen haben, auch nicht, wenn die Sonne noch nicht untergegangen ist.

So hat der Bananenfarmer Roberto Rodriguez großes Verständnis für unseren Wunsch, im Schutze seines Hofes zu übernachten. Denn das ist die gute Seite der Medaille, daß gerade in unsicheren Landstrichen die Menschen sehr hilfsbereit sind. Und sie möchten dann nicht nur, daß man in ihrem Schutze schläft, sondern auch gleich zu Abend ißt und am besten ein paar Tage bleibt. Die Zeiten sind zwar unsicher, amigo, aber ein schönes Land ist es doch.
Als uns Roberto als Deutsche erkennt, freut er sich riesig.
„Ihr seid meine besten Kunden", lacht er und zeigt das Markenzeichen einer berühmten „deutschen" Tischbanane. Die Firma

würde ihm regelmäßig seine ganze Ernte abnehmen, und besonders viel — das wisse er — gehe nach Deutschland. Doch er befürchtet, daß die Firma eines Tages bei ihm weniger einkaufen wird.
„Hoffentlich bekommen die Deutschen bald wieder mehr Kinder", sagt er später beim Aperitif. „Ich kann meine Produktion steigern."
Er schaut aus dem Fenster über den Garten in das weite Feld der Bananenstauden. Ausgelassener Lärm von Kindern dringt herauf.
„Señor, Sie meinen doch die Produktion von Bananen?"
Die untergehende Äquatorsonne schickt glutrote Lohen durch das Gewirr der Tropengewächse.

Die vornehmen Indianer von Ekuador

Wie man sich vor bösen Geistern schützt, kann man bei den Coloradoindianern lernen. Sie wohnen etwa 130 Kilometer westlich von Quito, der Hauptstadt von Ekuador, am Westhang der Anden, zwischen Palmen, Bananen, Kaffee- und Kakaosträuchern und dschungelartigen Wäldern. Wenn man sie fragt, wo sie wohnen, antworten sie: „In der Stadt Santo Domingo de los Colorados", was auf Deutsch „der heilige Sonntag der Roten" bedeutet. Mit den Roten sind nämlich Coloradoindianer gemeint.
Die 25.000 Einwohner von Santo Domingo sind aber gar keine Indianer, sondern Mestizen und Weiße, die Beschäftigungen nachgehen, wie es Mestizen und Weiße meistens tun: Sie sind Klempner, Automechaniker, Bankangestellter oder Bäcker. Sie gehen gern ins Restaurant zum Essen und lieben es, mit dem Auto spazieren zu fahren.
Santo Domingo sieht also so aus wie alle gewöhnlichen Städte Südamerikas. Die ungewöhnlichen beherbergen vielleicht eine wundertätige Jungfrau oder einen Staatspräsidenten. Santo Domingo hat mehrere schmucklose Kirchen, zwei Märkte, die stolzen Häuser der Principales, zwei Tankstellen und eine asphaltierte Hauptstraße. Und dann noch die vielen ärmlichen und armen Häuser, nicht wenige aus Blech und Plastik, in deren Gassen man bei Sonnenschein im Staub erstickt und bei Regenwetter im Schlamm versinkt. Es regnet sehr oft in Santo Domingo, jeden Tag einmal, wie es sich für die Tropen gehört.
Um zu den Indianern zu kommen, muß man mit dem Auto auf einem schlammigen Feldweg durch den Urwald schlingern, bis zu einem Fluß, an dem dieser Feldweg endet. Die Colorados parken hier ihre Camionetas (kleine Lastautos) und gehen zu Fuß den schmalen Steg über den Fluß weiter zu ihren Wohnungen, die auf der anderen Seite durch das Dickicht zu erkennen sind.
Wir balancieren über diesen Steg und klettern am anderen Ufer schmale, in den Fels gehauene Stufen empor. Unversehens

befinden wir uns auf einem Platz aus gestampfter Erde. Um den Platz herum stehen einige Häuser aus Bambus und Palmenmatten und kräftigen Stämmen, die gar nicht so ärmlich wirken, sondern eine gewisse Wohlhabenheit ausstrahlen. Das ist man von „armen" Indianern nicht gewohnt.
Inge und ich kommen gerade aus der Stadt, und der Anblick von Indianerinnen, die nur mit einem grün-rot-blau gestreiften Lendenschurz bekleidet sind, läßt mich schüchtern den Blick senken. Aber die schöngewachsenen Körper sind es nicht allein, die unsere Aufmerksamkeit auf sich ziehen, auch wenn sie mit roter Farbe bemalt und mit schwarzen Streifen verziert sind. Es sind die Köpfe der Männer. Sie tragen alle rote Helme.
Bei näherer Betrachtung entpuppen sich die Helme als Haare. Sie wurden mit einer roten Paste beschmiert, bis sie steif wurden, und so geschnitten, daß sie wie Stahlhelme paradiesischer Krieger aussehen. Alle Männer, alte wie junge, tragen diese ungewöhnliche Haartracht. Da Lendenschurz und roter Haarhelm hier die übliche Mode sind, fühlen wir uns mit Jeans und T-Shirt als Außenseiter und fallen auch gleich auf.
So fragt man uns alsbald nach unserem Begehr. Ich erkläre, daß wir die Coloradoindianer besuchen möchten und auch gerne wissen würden, wie dieses Dorf hier heiße.
Ein älterer Herr erläutert, sie seien die Coloradoindianer, und die Stadt, in der sie wohnten, heiße Santo Domingo de los Colorados.
„Nein", entgegne ich, „ich meine den Namen dieses Dorfes hier."
Dies sei kein Dorf, sondern nur eine Ansammlung von Häusern. Ihre Stadt, in der sie wohnten, sei Santo Domingo. Aber wenn wir uns umsehen wollten, bitte...
Etwas verunsichert sehen wir uns um, laufen durch Kakao- und Palmengärten, gucken in ihre aus exotischem Baumaterial errichteten Bungalows und wundern uns. Sie sind gut genährt, besitzen makellose Zähne, und wo im Mund etwas zu reparieren war, hat man reichlich Gold und Silber verwendet.
Der ältere Herr, im sauberen, schwarz-weiß gestreiften Lenden-

schurz, mit roter Schärpe und gelbem Schal, und seine Tochter, die einen prächtigen, türkisfarbenen Poncho über die anmutigen Schultern legt und ihren Hals mit unzähligen, silberglitzernden Perlen schmückt, sie erzählen uns, die Ursache ihrer Wohlhabenheit liege in der erfolgreichen Abwehr der bösen Geister. Sie zerstampfen die für ihren Kult wichtigen Achiotekerne in Mörsern zu einer roten Paste und bemalen sich damit. Da sie jetzt gegen alle bösen Geister geschützt sind, ist auch die westliche Zivilisation nicht mehr so verlockend für sie, und sie können an ihrer Religion und ihrer Tradition festhalten. Weil sie bei ihrer Lebensform bleiben, sind sie ziemlich zufrieden und glücklich, zumal sie erleben, wie unglücklich viele in der Stadt sind, und sie können in Ruhe überlegen, was für sie nützliche und was für sie unnütze Dinge sind, die die zivilisierte Welt bietet. Die Camionetas zum Beispiel sind recht praktisch, auch die Machete und die Holzmörser, die die Weißen gebracht haben. Aber Flugzeuge zum Beispiel sind unnütz. Warum sollte man den Vögeln Konkurrenz machen?
Ihre Wohlhabenheit liegt aber sicher nicht nur im Umgang mit den richtigen Geistern. Wir sehen, wie sie fleißig in der Bananenpflanzung und an den Kakaosträuchern arbeiten. Und die Zukkerrohrpresse, auch eine nützliche Erfindung, die man übernommen hat, sieht nicht so aus, als ob sie nur zur Zierde unter dem hohen Palmendach stünde.

Warum Santo Domingo ihre Stadt ist, erfahren wir am Sonntag. Die Colorados strömen herbei, in Personenwagen, in Camionetas, zu Pferd und zu Fuß, im gestreiften Lendenschurz, aus dem Urwald in ihre Stadt, auf ihre Märkte, um zu verkaufen und zu kaufen. Die roten Helme bestimmen das Bild der Hauptstraßen. Und die nackten Menschen wirken nicht fremd neben den dröhnenden Lastwagen und neben krawattentragenden Herren im geschäftigen Leben einer amerikanischen Stadt, denn es ist ja ihre Stadt. Und so benehmen sich die Colorados, aufrechte und stolze Männer, hübsche und reichgeschmückte Frauen und lärmende Kinder.

Vielleicht werden die Colorados einmal beweisen, daß sich ein Indianerstamm aus dem Urwald gegenüber gewalttätiger, weißer Dynamik behaupten kann.

Wir lernen noch andere Indianer kennen, die sich mit der modernen Zeit arrangiert haben, ohne ihre Eigenart zu verlieren.

Von Santo Domingo fahren wir weiter die Anden hinauf, aus dem Dschungel in den Nebelwald, in dessen feuchten und kühlen Boden wir manch heikle Topfpflanze wiederfinden, von dort über die Puna und einen Paß, in den Altiplano, dem schmalen Hochbecken zwischen den Sierra-Riesen.
Wie ein Geist aus Schnee schwebt der Vulkankegel des 5897 Meter hohen Cotopaxi am Himmel. Die grüne Landschaft darunter, mit Gärten, Feldern, kleinen Dörfern und ausgedehnten Wäldern, sieht auf den ersten Blick so aus wie die Schwäbische Alb. Vielleicht wird dieser Eindruck hervorgerufen, weil die klare, aber kalte Luft einen sofort nach Hemd, Pullover und festem Schuhwerk greifen läßt. Wir befinden uns zwar am Äquator, jetzt aber 3000 Meter hoch. Für jemanden, der von der Küste anreist, ist es hier kalt.
Die Straße zu den Otavalo-Indianern führt durch dieses Hochland. Flache Querriegel und Schluchten sorgen für eine kurvenreiche Strecke. Man muß 120 Kilometer über Quito hinaus nach Norden fahren. Da wir bei Cayambe den Äquator überschreiten, begeben wir uns wieder auf die nördliche Halbkugel unseres Planeten.
Man kann das Städtchen Otavalo schon von weitem von einer Höhe aus sehen. Es liegt in einem grünen Tal, zwischen Weiden und Gärten, nicht weit von matt blinkenden Seen. Zwischen den Andengipfeln hindurch kriechen schwere Wolken und tauchen die Landschaft in ein seltsames Blau.
Nicht lange, und wir rumpeln durch die Gassen des Städtchens. Und dies ist nun wirklich eine Indianerstadt, denn die 8000 Einwohner sind überwiegend rassereine Ketschuas, ehemalige Untertanen der Inkas. Ihr Dasein im Norden des vergangenen Inka-

reiches verdanken sie einer Zwangsumsiedlung, die ein Kaiser durchführen ließ, um den Norden zu ketschuaisieren.
Die wenigen Weißen, die wir am Abend sehen, sind Touristen. Morgen ist der berühmte Markttag von Otavalo. Er wird neben uns noch einige Hundert anderer Touristen anlocken. Natürlich auch einige Diebe. Wir stellen uns auf eine Wiese in der Nähe des Schwimmbads.
Am anderen Morgen wollen wir früh aufstehen, doch so früh auch wieder nicht. Um vier werden wir durch Quieken, Grunzen und Brüllen geweckt. Der Tag wird sich zwar erst in zwei Stunden zeigen, doch der Schweinemarkt von Otavalo hat bereits begonnen. Wir stehen mittendrin. Unmöglich, von hier jetzt wegzufahren.
Also klettern wir nach Dusche und Frühstück etwas früher als gedacht aus unserer „Camioneta casa" und drängeln uns an Schweinen, Rindern und amüsiert dreinblickenden Indios ins Freie.
Der Morgen graut. Wir gehen den Weg mit Menschen, die gebückt dicke Stoffballen auf dem Rücken in die Stadt schleppen. Denn dies ist die Attraktion dieses Marktes, der jeden Samstag um sechs beginnt, und es ist die Quelle des Wohlstandes der Otavalo-Indianer: Stoffe.
Vor dreißig Jahren muß ein Fachkundiger den Otavalos gezeigt haben, wie man Tweedstoffe herstellt. Seit der Zeit produzieren sie in den umliegenden Dörfern und in Otavalo diese Stoffe in einer ausgezeichneten Qualität und mit wachsendem Erfolg. Sie entwickelten mit den Jahren solch handwerkliches und kaufmännisches Geschick, daß sie zu einem wichtigen wirtschaftlichen Faktor Ekuadors wurden. Sie bieten inzwischen ihre Stoffe nicht nur auf dem heimischen Markt in Otavalo an, sondern auch in Quito und Guayaquil, ja sie exportieren sie sogar in benachbarte Länder.
Diese geschäftstüchtigen Indianer sehen aber gar nicht wie hartgesottene Manager aus. Es sind sanfte Menschen, mit vornehmen, immer lächelnden Gesichtern, die gemessen durch ihre Stadt schreiten. Die Männer tragen dreiviertellange, weiße

Hosen, weiße Hemden und einen blauen oder weinroten Poncho, der inseitig oft mit Karos gemustert ist. Die Haare haben sie zu einem Mozartzopf geflochten. Der schwarze oder beigefarbene Filzhut und der Poncho geben ihnen ein weltmännisches Aussehen. Die Frauen kleiden sich mit schwarzen, blauen oder roten Samtröcken und weißen, manchmal reich bestickten Blusen. Kopf und Oberkörper schützen sie oft mit feinen, dichtgewobenen Tüchern. Sie schmücken sich mit Ohrringen und Perlenketten aus Glas, Keramik oder Fruchtkernen. Und da sie alle hübsch sind, lächelt in jedem ekuadorianischen Touristenbüro und am Flughafen das reizende Gesicht einer Otavalo-Indianerin von einem Poster.
Der Markt der Otavalos ist kein so buntes Durcheinander wie die anderen Märkte Lateinamerikas. Sie scheinen Ordnung zu lieben und trennen das Angebot nach Stoffen, Teppichen, Kleidern, Schafwolle und Zubehör, wie Schmuck, Taschen und bunte Bänder.
Sie rufen ihre Ware nicht aus, sondern warten gelassen und selbstsicher auf ihre Kunden. Sie verhandeln geduldig. Übermäßige Nachlässe erzielen wir nicht. Sie verweisen auf die Qualität ihrer Erzeugnisse. Und die ist in der Tat bemerkenswert.
Erst am Nachmittag werden nicht so gelungene Stücke feilgeboten, und hier sind größere Preiszugeständnisse möglich. Die großen Geschäfte sind dann bereits abgeschlossen.

Wir fahren am Abend nach Quito zurück. Diese älteste Hauptstadt Südamerikas liegt am Fuß des fünfgipfeligen Vulkans Pichincha, der zum letzten Mal im Jahre 1859 geraucht hat. Sie ist aber nie durch den 4789 Meter hohen Vulkan oder durch ein Erdbeben zerstört worden. Quito hat daher seinen kolonialen Charme erhalten.
Zwar ist das Autofahren in den schmalen Gassen mühsam, dafür macht das Bummeln zwischen den hübsch verzierten Häusern um so mehr Spaß. Hier ist nichts rasant und aufpeitschend, sondern alles beschaulich. Das bunte Straßenleben, welches durch Indianer in traditionellen Trachten geprägt wird, hält die Sinne

wach und regt die Fantasie an. Wir dringen manchmal in ein Haus ein, um die heitere Springbrunnenwelt des Patios zu bewundern.
Wir wohnen im Garten der Deutschen Schule. Es sind übrigens beliebte Bildungsanstalten, die Deutschen Schulen in Lateinamerika. Und die Deutschen Schulen von Quito und Guayaquil können gar nicht alle aufnehmen, die bei ihnen lernen wollen, obwohl viele Fächer, auch die naturwissenschaftlichen, in Deutsch unterrichtet werden.
Die Schüler schlendern durch den Garten. Es sind einige Blondschöpfe dabei, aber die meisten haben die dunkle Hautfarbe der Kreolen. Sie tragen grünweiße oder rotweiße Uniformen mit dem Bundesadler auf der Brust. „Ich weiß nicht, was soll es bedeuten..." versuchen sie auswendig zu lernen. Unter ihnen befinden sich bestimmt auch einige Otavalo-Kinder, und ihre Stoffe liegen eines Tages auf deutschen Ladentischen.
Wundern würd's mich nicht.

Schreckliche Schreie in der Grünen Hölle

Man soll im Dschungel kein Wasser trinken und nicht baden, wegen der Amöben, der Hakenwürmer und anderen Getiers, für das man Nahrung sein kann. Was aber, wenn man einen Fluß durchwaten muß oder ins Wasser fällt?
Seit Tagen hat es geregnet. Der Rio Napo führt Hochwasser und reißt sich mit schlammigbraunen Fluten durch den Dschungel dem Amazonas entgegen. Wir sind mit dem Einbaum stromab gefahren, bis zum Yumbodorf Campana Cocha. Von dort gings zu Fuß weiter nach Osten, durch den Urwald.
Der Regen hat aufgehört. Der Wald hüllt sich in Dampf. Aus dem Bächlein Dahuano wurde ein reißender Fluß. Der Yumbo-Indianer fällt mit der Machete einen grünen Bambusbaum und stochert mit ihm in der gelben Flut herum. Der Bambus verschwindet fast zwei Meter im Wasser.
„Ende der Expedition", meint Werner.
„No, vamos!"
Demecio winkt, und wir brechen mit ihm durch das Gewirr von Grün. Er bahnt sich mit der Machete einen Weg am Dahuano entlang, zu einem anderen Aucapfad. Doch als wir den Fluß wieder erreichen, ist er so unpassierbar wie zuvor.
Bolivar lächelt vielsagend. Demecio probiert mit dem Stab. An einer Stelle verschwindet er nur einen halben Meter. Da steigt er in den Fluß und balanciert, bis zu den Oberschenkeln in der gurgelnden Strömung, auf irgend etwas Glitschigem hinüber. Der Bambus, auf den er sich stützt, biegt sich bedenklich. Bolivar folgt ihm, ohne Bambusstange.
„Das ist mir zu gefährlich", protestiere ich. Aber sie kommen beide zurück, nehmen mich zwischen sich, und ich taste mich mit ihnen auf dem unsichtbaren Baumstamm über den Fluß. Während mir das Wasser den Körper hochschwappt, denke ich an Filmausrüstung, an Amöben und Piranhas. Am anderen Ufer warte ich mit zittrigen Beinen. Sie holen auf die gleiche Art Inge und die anderen.

Der Rektor der Deutschen Schule in Guayaquil gab uns den Tip, daß ein gewisser Señor Hector Fiallos Dschungelexpeditionen zu den Waldindianern organisiere. Also verabredeten wir uns in dem Dorf Misahualli, wo man leicht Hectors Kneipe finden kann. Misahualli ist ein Bretterhüttennest mit 350 Seelen. Man erreicht es über eine Schotterstraße, die sich von Quito die Anden hinabwindet und immer in Gefahr ist, von einem Erdrutsch zugeschüttet oder vom Regen fortgespült zu werden. Das Dorf liegt am Rande des Amazonaslandes, am Rande des größten Tropenwaldes der Erde, und es bedeutet für die Waldindianer so etwas wie ein Markt. Sie kommen mit Kanus den Rio Napo stromauf, um ihre Bananen und Yucca zu verkaufen und für das Geld eine Taschenlampe oder ein Messer zu erwerben. Für uns ist es der Ausgangspunkt unserer Expedition. Ein deutscher Urlauber und einige Autoglobetrotter dachten, daß es günstiger wäre, wenn man sich die Kosten teilte.
Also besorgte uns Hector die beiden Führer Demecio und Bolivar und zwei Indianer als Träger.
Wir wollen zu den Aucas. Diese Waldindianer haben bis in die jüngste Zeit hinein ihre Unabhängigkeit gegenüber dem Weißen Mann verteidigt. Der Urwald hat ihnen hierbei geholfen. Ihr Stammesgebiet liegt so zwischen den Flüssen, daß es von Ekuador aus nur zu Fuß erreicht werden kann. Von Peru aus müßte man sich in einem riesigen Umweg mit dem Kanu durch Stromschnellen kämpfen. So sind die Informationen über die Aucas recht spärlich. Man erzählt sich Greuelgeschichten von gespeerten Ölsuchern. Der Yumbo-Indianer rät, daß man ihrer Einladung zum Essen nur mit Vorsicht folgen solle, da sie den Gast möglicherweise auch in den Kochtopf... Der Yumbo müßte es wissen, denn er ist ja selber im Urwald aufgewachsen.

Es geht bergauf und bergab. Der Pfad ist nur undeutlich in der üppigen Vegetation zu erkennen. Oft verschwindet er im Sumpf, und der Moder schwappt in die Stiefel. Und wir waten knietief durch gelbbraune Brühe. Bolivar vorne schlägt immer wieder Lianen und Geäst ab. Manchmal ist der Weg so steil, daß man auf

allen vieren krabbeln muß, sich an Wurzeln und Lianen festhaltend. Kleine Schluchten überqueren wir auf schwankenden Baumstämmen.
Jeder Zentimeter Boden ist bewachsen. Wenn er felsig ist, kriechen die Wurzeln darüber. Umgestürzte Bäume dienen anderen Pflanzen als Nahrung, und auch an stolzen harten Riesen ranken parasitäre Gewächse bis in die Kronen. Manchmal sind sie mit weißen oder roten Orchideen behangen. Es blüht überall, auf dem Waldboden, im Unterholz und am dämmrig grünen Himmel aus Farnen und Blättern. Grüne Hölle oder farbiges Paradies? Blaurote Falter haben eine Spannweite von zwei Händen. Sie taumeln vor den Augen in der feuchtwarmen Luft. Manchmal sieht man einen schillernden Kolibri an Blütenkelchen schweben. Im Laub fangen zwei Zentimeter große Ameisen einen riesigen Tausendfüßler. Und was man nicht sieht, das hört man: raschelndes Fliehen vor den Stiefeln, Trällern in den Wipfeln und ziehendes Zirpen überall. Ich habe gelesen, daß es im Amazonasurwald noch Tausende von unbekannten Pflanzen und Tieren zu entdecken gibt und noch nicht erforschte Flüsse von der Größe des Neckars fließen.
Am Rio Sumino erlauben wir uns eine Verschnaufpause, bevor wir ihn durchwaten. Wir wollen vor Einbruch der Dunkelheit den Nushino erreichen. Der Weg zehrt an unseren Kräften. An einem Abhang bleibe ich mit dem linken Stiefel an einer Wurzel hängen. Ein glühender Schmerz zuckt durch mein Knie, und ich kann nur noch humpeln.
Dadurch verlangsamt sich das Tempo der Gruppe. Als die Nacht hereinbricht, sind wir noch eine Stunde vom Nushino entfernt. Den Abstieg nachher ins Tal schaffe ich nicht mehr allein. Demecio muß mich stützen. Verschwitzt und voller Schlamm erreichen wir die offene Cabaña über dem Rio Nushino.
Ich humple hinter Inge her an den Fluß, um Trinkwasser zu filtern. Da bleiben wir steif stehen. Im Schein der Taschenlampe ringelt sich eine grüne Lanzenotter um einen Ast, in Höhe unserer Augen. Lange nachdem sie im Dickicht verschwunden ist, wagen wir uns weiter. Doch unsere Unschuld ist dahin. Der

Der Weg zu den Aucas im Amazonasurwald ist sehr beschwerlich. Aber die Schönheit des Dschungels entschädigt einen für alle Strapazen.

Solange man tagelang durch den Dschungel laufen muß, um ein Aucadorf zu erreichen, wird ihre Gesellschaft intakt bleiben.

Fan ist zwölf Jahre alt. Doch stundenlanges Staken macht ihm nichts aus.

Auca-Frau　　　　　　　　　　　　　　　　　　Auca-Mann

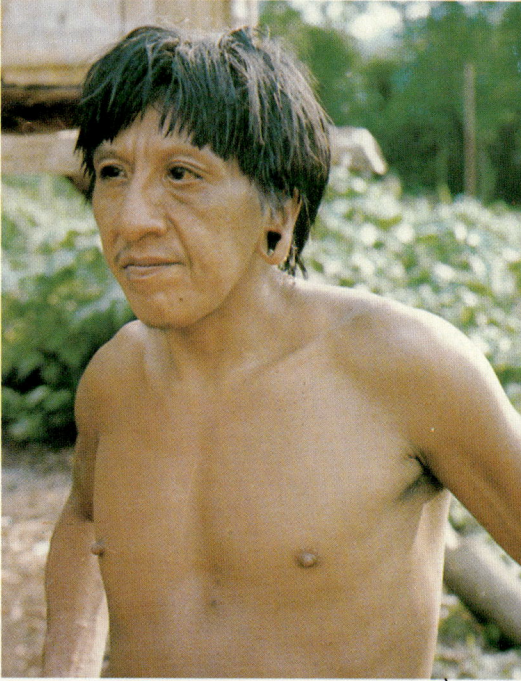

Die Panamericana durch die Wüste von Peru.

Solange sie satt werden, mag Armut etwas Exotisches sein.

Lärm des nächtlichen Dschungels schlägt über uns zusammen. Grillen machen einen zirpenden Lärm, es quakt und röhrt, ein lockendes Pfeifen betört aus den Kronen, wütende, spitze Schreie, ein Gurren, ein Grunzen... Und Laute, bei denen ich nach dem Messer greife.
Der Himmel reißt auf. Das fahle Licht der Sterne beleuchtet die Gewächsmauern links und rechts des Flusses. Wir stehen knietief in der Strömung und filtern trinkbares Wasser in unseren Behälter. Hat Bolivar nicht von Anakondas erzählt, Riesenschlangen, die nachts in den Flüssen auf Jagd gehen und ganze Kälber verschlingen? Was bewegt sich da? Es ist keine Boa, nur eine Liane, mit der ein Strudel spielt. Oben am Hang glimmt das Feuer an der Cabaña.
Demecio und Bolivar kochen Essen. Sie verwenden das Geschirr der Indianer, die diesen offenen Pfahlbau immer wieder zum Übernachten benützen. Sie nehmen einige Liter Wasser, ein paar Ölsardinen und Spaghetti. Der Yumbo bringt Wurzeln aus dem Urwald dazu. Nachdem alles eine Stunde lang gekocht hat, essen wir es, um nicht zu verhungern. Dann sagt der Yumbo, wir sollten enger zusammenrücken, wegen der Pumas. Ein kühler Wind weht unter das Palmendach. Wir rücken also näher auf dem harten Bambusboden zusammen, einen halben Meter über der Erde, und ich spüre, wie auch die anderen Messer und Taschenlampe bereitlegen.
Wir können vor Erschöpfung nicht schlafen. Am anderen Morgen ist mein Knie so geschwollen, daß ich nicht mehr gehen kann. Ich sage zu Demecio und Bolivar, daß sie die Gruppe zu den Aucas führen sollen. Inge und ich würden in der Cabaña warten. Vielleicht könnten sie die Aucas überreden, uns mit einem Kanu abzuholen.
Aber sie wissen einen anderen Weg. Die beiden Führer und die Indianer fällen mit den Macheten einige Bäume und binden sie mit Gras und Lianen zu einem Floß zusammen. Wenig später sitzen Inge und ich auf unserem Gepäck auf dem Floß. Demecio rennt halb im Wasser, halb auf dem Strand, der über Nacht frei geworden ist, dem Fahrzeug voraus. Der Yumbo schiebt es

schwimmend vor sich her. Der andere Teil der Gruppe setzt mit Bolivar den Weg auf dem Aucapfad fort.
An den Stromschnellen wird das Floß immer wieder unter Wasser gedrückt, weil es etwas zu klein für die Ladung und die Passagiere ist. Wir landen auf einer Sandbank, um es zu vergrößern. Bevor sie aber weitere Bäume fällen, rufe ich sie an das Ufer zurück. Von unten stakt ein Auca mit seiner Familie in einem Kanu stromauf. Die könnten uns doch ihr Boot leihen.
Der Yumbo und Demecio verhandeln lange mit ihnen. Er will schon. Doch die Frau ziert sich. Schließlich leihen sie uns das Kanu. Demecio hilft, sie zu der Cabaña zu staken. Von dort aus wollen sie mit ihren Kindern den Weg zu Fuß fortsetzen.
Nach einer Stunde ist Demecio wieder da, und wir flitzen mit dem leichten Einbaum durch springende Wasser unter hängenden Bäumen durch, den Aucasiedlungen entgegen.

Das Dorf Dayuno liegt an der Mündung des Rio Dayuno in den Rio Nushino. Als wir ankommen, veranstalten Mädchen und Jungen gerade ein Wettschwimmen mit Enten und Schweinen. Der andere Teil der Gruppe ist auch eben eingetroffen.
Demecio und Bolivar sprechen mit einigen Auca-Männern. Sie haben überdimensionale Ohrläppchen mit großen Löchern und nicken ernst zu uns herüber. Die Schwimmer haben ihren Wettkampf eingestellt. Sie äugen aus respektvoller Entfernung auf uns Fremde. Und ich fühle Augen, die uns durch die geflochtenen Wände der Hütten beobachten.
In einer größeren Palmenhütte in der Mitte des Dorfes wird herumgeräumt. Eine Wand biegt sich. Töpfe klappern. Diese Hütte wird dann unsere Unterkunft. Das „Hotel" müssen wir allerdings mit einigen Hühnern teilen, die zwischen den Schlafsäcken herumpicken.
Die Aucas bleiben noch einige Zeit zurückhaltend, doch dann hängen sie wie Trauben an den Fensteröffnungen und der Tür und gucken durch alle Ritzen in den Wänden. Frauen mit blonden Haaren und Männer mit roten Bärten sieht man offenbar nicht alle Tage am Nushino.

Wir erholen uns erst am späten Nachmittag von den Strapazen. Unsere Gastgeber kochen da bereits über dem offenen Feuer am Fluß das Abendessen.
Eine zahnlose Alte kaut Yucca und spuckt ihn mit Speichel in eine Keramikschüssel. Bolivar bedient sich. Wir lehnen dankend ab. Da bringen sie uns Bananen als Vorspeise.
Die Jugendlichen überwinden am schnellsten die Hemmungen zu einem Gespräch. Sie sind es, die uns allmählich in das Gemeindeleben einfügen. Vielleicht liegt es daran, daß sie ein wenig Spanisch sprechen.
Der zwölfjährige Fan lehrt uns einige Worte Auca. Demnach heißt sehr gut „huapuni", ein Mann „ongiñe", eine Frau „onquiñe" und ein Kind „wiñe". Seine Sprachkenntnisse hat Fan von einem Missionar, der gelegentlich die Kinder unterrichtet. Der Missionar hat die Aucas auch in Züchtigkeit unterwiesen, weswegen viele Damen sich nicht mehr mit dem Lendenschurz bekleiden, sondern Nylonkleidchen tragen. Doch die Brust rutscht ihnen immer heraus. Die Herren ziehen, wenn sie sich modern geben wollen, Turnhosen an.
Es sind lächelnde und fröhliche Menschen, mit denen wir am Fluß hocken und ins Feuer gucken. Wie fertigt man ein Blasrohr an? Welche Früchte sind eßbar? Kann man mit der Hand einen Fisch fangen? Die Aucas können es. Doch als es dämmert, verlassen sie den Fluß. In manchen Anakondas wohnen die Seelen von Menschen, die auf unnatürliche Weise ums Leben kamen, und diese Anakondas sind sehr bösartig. Können sich Anakondas in Lianen verwandeln? Nein. Davon hat Fan noch nie gehört. Aber die bösartige Anakonda könnte man in eine normale Anakonda verwandeln — die ist aber dann immer noch bösartig genug —, wenn man den Tod des Ermordeten rächt. Seine Seele könnte dann die Schlange verlassen und als Nebel frei im Wald schweben.
Sie haben zwar Werner, den deutschen Urlauber, wegen seiner Leibesfülle recht aufmerksam betrachtet, es gibt aber dann doch geräuchertes Schweinefleisch mit Reis, gebackenen Yucca und Lemonensaft. Das Dorf schaut zu, wie wir essen, wie wir trinken

und wie wir uns zwischen den Hühnern schlafenlegen. Mit der Dunkelheit sind Kakerlaken aus allen Ritzen gekrochen. Die Cabaña, die allein im Dschungel steht, wird von einer hungrigen Umwelt sauber gehalten. Der Yumbo hat erzählt, daß ein Kranker da allein nicht lange am Leben bleiben würde. Die Ameisen würden ihn bald entdecken, und dann blieben nur die Knochen zurück... Wir spannen das Moskitonetz und verbinden es so mit dem Schlafsack, daß die Kakerlaken nicht in unser Lager krabbeln können. Die Geräusche des Urwaldes sind im Dorf der Aucas nur von weitem zu hören.
Am nächsten Tag zeigen sie uns, wie man mit einem Blasrohr jagen kann, wie hübsch ein Mädchen mit einer Zahnkette aussieht und wie stolz ein Mann mit bunten Federn. Moi möchte für die Kette aus Wildschweinzähnen 100 Sucres (sieben Mark). Als er aber bei Inge zwei Gummibänder sieht, bedeuten sie ihm so viel, daß er die Kette dafür hergibt. Der Handel beginnt. Einen Spiegel für ein Blasrohr, eine Dose Thunfisch für den Köcher, eine Nagelfeile für eine Tasche aus Palmfasern. Eine Uhr hat für sie keinen Wert, ein Messer dafür um so mehr. In der höchsten Gunst jedoch stehen Patronen.
Mit der Zeit geht es recht vergnügt zu, da jede Partei der anderen interessante Dinge bieten kann. Und Bolivar kommt aus einer Hütte, er solle uns ausrichten, daß Hwarani – das ist die Schöne dort mit den Blumen im Haar – noch zu haben sei.

Da allen der Herweg so in den Gliedern steckt, daß wir nicht ohne Sorge an den Rückweg denken, staken uns am Nachmittag zwölf- bis fünfzehnjährige Jungen in zwei Kanus den Rio Nushino stromauf. Fan, Moi, Bay und Eteca, prächtig gewachsene, braune Kerle, die sich wie lebendige Flitzbogen zwischen Boot und Stake spannen. Bei schweren Stromschnellen springen sie aus den Kanus und schieben sie durch die brausenden Wasser nach oben. Es ist für sie ein Spiel, sie lachen dabei, und aus der Fahrt wird ein stundenlanges Wettrennen. Am Abend, in der Cabaña, rücken sie zum Schlafen eng zusammen und nehmen die Kleinsten in die Mitte – wegen der Pumas. Sie wollen unsere

Fotoapparate, Taschen und Rucksäcke gern nach Misahualli tragen, wenn wir ihnen dort Coca Cola kaufen.
Inge und ich brechen mit der Sonne auf, um einen Vorsprung zu bekommen. Wegen meines demolierten Knies werde ich nicht so schnell marschieren können. Bolivar gibt uns Fan und Moi und den Yumbo mit, damit uns nichts passiert.
Während die Indianer barfuß vor und hinter uns herspringen, bewegen wir uns nur mühsam durch den unwegsamen Wald. Da schlagen sie eine in der Luft hängende Wurzel mit der Machete ab. Aus dem Innern tröpfelt eine leicht bitter schmeckende Flüssigkeit. Das würde uns erfrischen, meint Moi. Und mir ist, als würde der Weg nicht mehr so anstrengend sein. Wir rasten auf einer Anhöhe. Wie ein grünes Meer breitet sich rings um uns der Dschungel aus.
Plötzlich halten die Indianer in ihrer Bewegung inne. In ihren Augen ist ein beunruhigendes Glitzern. Sie sind doch eben noch Kinder gewesen! Was ist los?
Sie verständigen sich mit einem Blick. Alle drei verschwinden, ohne Geräusch, ohne schaukelndes Geäst. Ratlos sitzen wir auf einem Stein und warten.
Da — ein markerschütternder Schrei! Aus drei Kehlen. Ein Baum stürzt krachend, und der Urwald schüttelt sich. Dann brechen sie aus dem Dickicht. Der Yumbo ist blutüberströmt. Aber er hält triumphierend einen Mono, einen Affen von einem Meter Länge, in die Höhe.
Der Mono schreit, beißt und versucht ungestüm seinem Bezwinger zu entkommen. Doch der Yumbo hält ihn fest mit der einen Hand am Schwanz hoch, mit der anderen fesselt er ihn. Inge verbindet anschließend den Verwundeten. Und die Indianer bekommen wieder ihren sanften Ausdruck. Doch wir wissen, daß sie Wilde sind.
Wie sie den Mono bemerkt haben, können sie nicht erklären. Aber es war ihnen klar, daß Fan und Moi die möglichen Fluchtbäume des Tieres besetzen mußten und der Yumbo den Baum umschlug, auf dem es sich befand. Während der Baum fiel, haben sie sich auf ihr Opfer geworfen.

Anscheinend dürfen gerade Monos gejagt werden, sagt der Yumbo. Sonst hätten Fan und Moi nicht mitgemacht. Er sei Christ, sagt der Yumbo, und er könne die Tiere des Waldes jagen, wann und wo er wolle. Das könnten die anderen beiden nicht. Sie glaubten, daß jede Tierart einen Gott habe, und der würde regeln, wann man diese Tierart jagen dürfe, und dann müsse man ihn auch noch um Verzeihung bitten, wenn man seine Beute erlegt habe.

Über Campana Cocha hängen schwarze Wolken bis in die Kronen des Urwaldes. Wir flüchten vor dem einsetzenden Sturm und den herabgießenden Wassern in eine Hütte der Yumbos, aber die Indianer rennen schreiend ins Freie und starren entsetzt auf einen Riesen, der sich unter der Kraft des Sturmes auf die Hütte neigt. Links und rechts von ihm entwurzelt der Sturm Bananenpalmen und zerfetzt sie an den Stämmen härterer Hölzer.
Das Boot kommt, als der Sturm vorbei ist. Die Aucas fahren mit nach Misahualli. Ihre nackten Gestalten wirken verloren zwischen den Bretterhütten der Weißen. Unser Wohnmobil steht auf der Plaza. Niemand hat eingebrochen. Wir duschen und wollen noch in der Nacht den Dschungel mit Bier hinunterspülen.
Vor Hectors Kneipe kauern sie im Schatten des elektrischen Lichts.
„He, amigo. Coca Cola."
Sie dürfen so viel Coca Cola trinken, wie sie wollen. Wie zerbrechliche Wesen wirken sie nun neben uns biertrinkenden und laut lachenden Europäern.
Die Aucajungen bleiben ein paar Tage in Misahualli. Sie schlafen irgendwo am Fluß. Mittags aber schleichen sie um unser Auto herum. Es gibt ungarischen Gulasch oder Gemüseeintopf. Das schmecke ja so einigermaßen... Das wichtigste ist ihnen nämlich Coca Cola.
Wenn sie ihren Kameraden erzählen, wie Coca Cola schmeckt, werden wohl noch mehr in Misahualli auftauchen. Aber solange man tagelang durch den Dschungel laufen muß, um in ihr Dorf zu kommen, wird ihre Auca-Gesellschaft intakt bleiben.

Südamerikanische Walzer sind anders

Der kalte Wind aus Westen wirbelt in grauem Nebelbrei. Schon ahnt man den Himmel. Aus dem Nichts treten dünn die Konturen von Bergspitzen hervor. Eine Zeitlang scheint die Welt zu schweben. Pastellfarben zaubern sich hinein, blaßrosa, gelb. Der Zauberer ist der Wind, der jetzt noch stärker bläst und das schüchterne Pastell in Kräftiges, Leuchtendes verwandelt: ocker, braun, rot, weiß, darüber ein gleißendes Blau, der Himmel, und rechts daneben ein Blau mit irren, die Sinne betäubenden Blitzen: der Pazifik.
Wir befinden uns am 10. Grad südlicher Breite, in der Wüste von Peru, die sich entlang der Küste von Norden bis weit nach Chile hineinzieht. Wenn die tropischen Ozeanwinde das kalte Wasser des Humboldtstromes passieren, kühlen sie ab und verwandeln sich in Nebel. Dieser schlägt sich erst an den Berghängen der Anden nieder, in der Lomazone, und er läßt erst dort Vegetation gedeihen.
Die Straße sieht nur von weitem wie eine ebene Fahrbahn aus. Stellenweise ist der Asphalt so aufgerissen, daß er für Reifen und Fahrzeug gefährlicher wird als eine Erdstraße. Wie ein schwarzes Band windet sich die Panamericana durch eine bizarr und wellig geformte Wüstenlandschaft, entlang riesiger, halbmondförmiger Sanddünen. Manchmal sind die Dünen halb auf die Straße geweht oder Sandzungen haben sie schon völlig bedeckt. Erinnerungen an Pappschnee werden wach, wenn das Auto den festen Boden unter den Rädern verliert.
Wir haben ein paar Tage in dem Fischerdorf Cabo Blanco verbracht. Die Leute dort haben uns mit herzlicher Freundlichkeit überschüttet. Sie besorgten uns preisgünstig Gemüse, das in der Wüste sonst nicht zu bekommen ist, versorgten uns mit Trinkwasser, das man auch hier aus den Tanks von Lastwagen erhält, und schenkten uns Fisch, soviel wir wollten.
Am Abend vor unserem Aufbruch veranstalteten sie ein Fest. Wir sangen zur Gitarre im flackernden Schein der Gasfeuer. Die

Frauen hatten hübsche Kleider angelegt. Jeder wollte einmal mit den Gringos tanzen. Wir bekamen zum ersten Mal südamerikanischen Walzer in die Beine, der unser angelerntes Rhythmusgefühl durcheinanderbrachte.
Cabo Blanco ist eher ein schäbiges, denn ein malerisches Fischerdorf, und die Fischer, die auf Bambusflößen draußen vor der Bucht nach der Corvina angeln, sind eher armselig denn romantisch. Abends fegt ein Wind mit Sturmstärke aus der Wüste feine Sandkörner über den Boden, so daß man von tausend Nadelgeschossen gepeinigt in einen schützenden Raum flüchtet. Doch die Herzlichkeit der Frauen und der Männer hier ist unübertroffen. Sie lachten sich Tränen in die Augen, als wir alte deutsche Lieder vortrugen. In einem wird ein kräftiges Täteräterä wiederholt. So etwas hatten sie noch nie gehört.

Der Abschied ist uns schwergefallen. Seit dem Kap von Punta Negra können wir nicht mehr baden. Das Meer hat nur noch für abgehärtete Naturen erträgliche Temperaturen, trotz der Tropensonne. Es donnert mit einem kalten Gruß aus der Antarktis gegen Klippen und Sand.
Doch die Fische, die man hier bekommt, sind so fein, wie ich sie noch nie genossen habe. Wir schneiden Filets in Stücke, legen sie roh in Saft von Lemonen und würzen sie mit Salz, Zwiebeln und Chili. Der Lemonensaft gart das Fischfleisch innerhalb einer Stunde, ohne Feuer, zu zarten, saftigen Schlemmerhappen. Die Peruaner nennen es Ceviche.
Die Schlemmerhappen bleiben uns jedoch bald im Halse stecken. Kann man sich an die Armut Lateinamerikas gewöhnen? Sie hat in den Tropen etwas Exotisches an sich. Bananen, Papayas und Reis wachsen überall, wenn es genug regnet, und wenn die Armen dann irgendwie satt werden, gehen wir abgehärtet vorbei. Auch wenn ihre sonstigen Lebensumstände anders sind als das, was wir Deutsche heute als menschenwürdig ansehen.
Wenn die Statistik sagt, daß 65 Prozent der Peruaner an mangelhafter Ernährung leiden, daß das Gros der Bevölkerung nur

1600 Kalorien anstatt der empfohlenen 2100 pro Tag zu sich nehmen kann, dann ist das eben Statistik. Mehr können wir uns nicht mehr vorstellen.

Aber fahr einmal auf der Panamericana Norte nach Lima hinein, da schlägt dir die Statistik mit Elend ins Gesicht, mit Hunger, und das ist gar nicht mehr exotisch!

Diese Siedlungen beginnen kilometerweit vor der eigentlichen Stadt, „Pueblos jovenes" — die jungen Dörfer, Hütten aus Palmblättern, Blech, Bambus, Karton und Plastik, ohne Strom, ohne Wasser und ohne Kanalisation. Von weitem sieht es aus wie Müllberge. Wenn man herankommt, stinkt es auch so, nach Fäkalien und Urin. Frauen und Männer dösen apathisch, und Kinder mit aufgeblähtem Bauch wühlen im Schmutz. Die schmalen Gassen verirren sich in einem Gewirr von dichtgedrängtem Elend. Die Pueblos jovenes fressen sich die Wüstenberge hinauf und drohen die Stadt zu ersticken. Da wohnen nicht nur ein paar tausend, da existieren drei Millionen Menschen!

In Lima brauchst du nicht lange nach einer Mülltonne zu suchen, du findest ohnehin keine. Stell den Plastiksack neben das Auto. In Sekunden ist er verschwunden. Du brauchst auch nicht zu sagen, die Fleischreste und die Knochen seien für den Hund. Der Hund wird sie nicht bekommen. Wenn man irgendwo parken will, stürzen sich ein Dutzend junger Burschen auf das Auto. Sie wollen es waschen, es bewachen oder, wenn es geht, etwas stehlen. Kleine Mädchen hängen sich an einen. Man soll ihnen etwas abkaufen oder — sie einfach mitnehmen.

Seit zehn Jahren verlassen jährlich Zigtausende von Indianern die Berge, um aus dem Leben in Armut auszubrechen. Sie zieht es in die Glitzerwelt der Hauptstadt. Sie hoffen auf einen Job und auf die Annehmlichkeiten der modernen Zivilisation. Sie verlassen ihr armes Land, finden dann aber keine Arbeitsstelle, weil die Wirtschaft so viele Ungelernte nicht aufnehmen kann. In Lima kommen jährlich 300.000 Menschen durch Zuwanderung und Geburt hinzu, die Geld verdienen, essen und wohnen möchten. So landen die Indianer in den Hungerquartieren, von der Armut ins Elend.

Dabei hat die peruanische Revolution von 1968, mit General Velasco Alvarado an der Spitze einer Militärregierung, endlich die soziale Gerechtigkeit herstellen wollen. Die Absichten des Generals waren vielleicht gut gemeint, was er indessen bewirkte, führte in den wirtschaftlichen Ruin.
Nachdem die Großgrundbesitzer enteignet waren — manche hatten Ländereien von der Größe Belgiens —, teilte man ihr Land auf oder übergab es Landarbeitern, damit sie die Betriebe als Genossenschaften in eigener Regie weiterführen sollten. Den Mitarbeitern der mittleren Führungsschicht, die man zu den Helfern des Großkapitals rechnete, kürzte man den Lohn. Daraufhin gingen viele von ihnen ins Ausland, weil sie dort besser behandelt wurden und mehr verdienten. Die ehemaligen Landarbeiter verkürzten sich die eigene Arbeitszeit. Dann stellten sie ihrerseits lohnabhängige Landarbeiter ein, die sich leicht aus hinzuströmenden Bergindianern rekrutieren ließen. Die von der Regierung eingesetzten Berater wirtschafteten mehr zu ihrem eigenen Vorteil als zum Nutzen der Genossenschaft. Daraufhin sank bei den Landarbeitern das ohnehin nicht sehr ausgeprägte Gefühl für Verantworung. Da niemand mehr Maschinen reparieren, Bewässerungsanlagen instandhalten und kaufmännisch ordentlich führen konnte, sank die Produktivität der Genossenschaften. Dabei wuchs die Bevölkerung um jährlich 3,2 Prozent weiter. Um das drohende Scheitern ihrer sozialen Revolution abzuwenden, holten sich die linken Militärs Berater aus dem Ostblock ins Land. Diese setzten bei ihrer Arbeit ausgebildete Arbeiter voraus, die gewohnt waren, mit europäischer Disziplin einen vorgegebenen Plan zu erfüllen. Sie kamen 450 Jahre zu spät — und die Inkas hätten keine Berater nötig gehabt. Bei ihnen hat der Agrarkommunismus funktioniert und dem Reich Wohlstand gebracht.
Wir sahen viele Haziendas, die so heruntergekommen waren, daß wir nicht in ihrem „Schutz" zu übernachten wagten.
Vor einem Jahrzehnt hat Peru noch Reis ausgeführt. Heute muß es dieses Grundnahrungsmittel einführen, und die Leute stehen in den Geschäften Schlange, wenn es welchen gibt. Das gleiche

gilt für Zucker und Getreide. Speiseöl ist rationiert, Rindfleisch gibt es nur vierzehn Tage lang im Monat zu kaufen. Zucker schenkt uns ein Peruaner heimlich und als Zeichen seiner Freundschaft.
Wer gut verdient, kann so leben, daß er den Mangel nicht spürt. Der ißt sowieso nicht so viel Reis und kann das Rindfleisch einfrieren. Verarmt ist der Mittelstand. Ihren Gehältern laufen die Preise mit einer Inflationsrate von 80 Prozent davon. Die Kinder dieser Familien dürfen nicht betteln, müssen anständig gekleidet sein und regelmäßig die Schule besuchen. Die Väter müssen die Gesetze respektieren und die Mütter den Schein eines wirtschaftlich geordneten Hauses wahren.
Aber gerade deren Herzlichkeit und Gastfreundschaft erschüttert uns. Sie lassen das deutsche Auto, das zufällig vor ihrem Haus parkt, nicht einfach wegfahren. Und dann stehst du vor dem Teppich an der Wand. Que lindo. Sicher eine Arbeit aus den Bergen.
„Ja, aus Pisac. Gefällt er Ihnen?"
„Ein herrliches Stück."
„Bitte, er gehört Ihnen."
Und dann mach dem Peruaner klar, daß es nicht deine Absicht war und daß gar kein Platz im Auto sei und daß das doch zu weit gehe. Und dann ist es gut, wenn man Mozarts Nachtmusik oder einen Bildband über Deutschland bei sich hat.
Gut geht es den 4000 Deutschen. Die meisten von ihnen sind mittlere und leitende Angestellte deutscher Firmen. Sie leben in den vornehmen Stadtteilen Miraflores und San Isidro, mit Fernsehen und Rundfunk in Stereo. Dem Anschein nach kommen für einige Produkte nur sie als Käufer in Frage. Wir hören Rundfunkwerbung in Deutsch.
Peru mit seinen Bodenschätzen und seinen landwirtschaftlichen Möglichkeiten könnte ein reiches Land sein. Um Energiefragen braucht man sich hier nicht wie anderswo zu sorgen. Die Bundesrepublik hat Peru immer — und auch zu Zeiten der linken Töne aus Lima — sehr wohlwollend behandelt und hat, um Perus Reichtümer erschließen zu helfen, mit Krediten und

Unterstützungen für technische Projekte und für den Ausbau von Schulen kräftige Entwicklungshilfe geleistet. Peru bekam wieder eine positive Außenhandelsbilanz. Als die Militärs mit ihrem Latein am Ende waren, traten sie von der Regierungsverantwortung zurück und ließen demokratische Wahlen zu. Geredet hat der neue, frei gewählte Präsident schon viel, daß die Industrialisierung vorangetrieben werden müsse, daß neue Arbeitsplätze Vorrang hätten...

Wir wollen der Stadt den Rücken kehren. Am Abend davor fragen wir einen Passanten, wo ein wenig Musik wäre, wir hören gerne lateinamerikanische Musik.
„Wo? — Señor, ganz Lima ist Musik!" Wir sollten in eine Peña gehen, la musica criolla und la marinera limeña würden uns schon Beine machen. Wir finden die „Peña del Colono" in Miraflores und wollen nur ein Bier noch trinken, bevor wir am nächsten Tag weiterfahren.
Und genau das geht nicht. Man kann doch in Lima nicht in eine Peña gehen und nur ein Bier trinken wollen! Die anderen haben wochenlang auf das Kleid und den Abend gespart, die wollen jetzt etwas erleben! Da haut der Schwarze auf den Cajon, daß die Wände zu springen drohen, die Gitarren erfüllen den Raum mit wirbelndem Geklinge, die Sänger buhlen mehrstimmig mit den Liedern „Mi Perú" und „Vieja Limeña", und die Inge wird zum Tanz entführt und ist verschwunden. Die Mädchen von Lima können nicht so lange warten, bis sie jemand zum Tanzen holt. Das besorgen sie selbst. Ich werde von einer Exotin ins Gewühl gezogen. Und was da mit den Brüsten wippt, mit dem Körper schlängelt und mit dem Hintern wackelt, was da bietet, lockt und flirtet, das läßt einen alles vergessen.
Un gringo alemán — ich werde herumgereicht. Was ist das für ein Tanz? Un vals criollo, ein Walzer? Da ist wohl irgendwo ein Dreivierteltakt, was aber tun die Beine? Dann die Samba und die Rumba. Vergiß, was du jemals in Deutschland an Tänzen gelernt hast. Sie tanzen in Lima, als gäbe es nur diesen Tanz und als lebten sie nur diese eine Nacht. Um drei wechselt die Kapelle

einen Gitarristen aus. Der neue ist Argentinier und seine Lieder klingen nach Chaco und Pampa. Um vier wird der zweite Gitarrist ersetzt. Jetzt spielt der Chilene mit, und er hat ein neues Repertoire. Seine Lieder sind in Chile verboten. Ob er sie hier singen darf, weiß niemand so genau. Aber er singt sie mit zerreißender Stimme. Ein herzloser Lump, wer jetzt noch gegen die Revolution ist. Der Schwarze haut noch treibender auf den Cajon, daß der Lahme vor der Tür die Augen im Rhythmus rollt und die Bettlerin daneben die Hand vergißt.
Um fünf muß ich die Marinera tanzen, und Inge kommt, wir sollten jetzt verschwinden, da wir die Versprechungen nie einlösen könnten. Als wir bezahlen wollen, fehlen uns 1000 Soles (sieben Mark). Jeder glaubte vom anderen, er hätte noch etwas dabei. Der Wirt möchte kassieren. Ich sage, ich ginge zum Auto und würde... Nein, sagt der Wirt, ich solle ihm einen Schuldschein unterschreiben und morgen bezahlen. Es ist nicht der einzige Schuldschein, der hier unterschrieben wird.
Am nächsten Tag haben wir natürlich einen müden Kopf. Nicht einmal durch einen Capucino im Straßencafé „Haiti" in Miraflores, mit flanierenden Menschen und dem Hauch von Paris inmitten eines Elendsmeeres, ist er wachzubekommen. Die Journalisten am Tisch diskutieren über Wirtschaftsfragen. Sie finden es erfreulich, daß die Inflationsrate in diesem Jahr nur bei 60 Prozent liegen wird.
Wir fahren an das Estadion Nacional. Hier hat Señora Maria einen Imbißstand neben dem Blumenmarkt. Sie brät die besten Anticouchos von Peru und Pancitas, scharf gewürzt, und als Nachspeise Picarones in Honig. Dazu trinken wir Chicha de Jora.
Kann man sich an diese Armut gewöhnen? Señora Maria küßt uns jedesmal — diese armen Deutschen, sehen immer so blaß aus — und schenkt uns den Chicha, das haben schon die Inkas getrunken, und sie serviert uns immer doppelte Portionen. Da kann sie doch nichts verdienen!
Und in der Jiron de la Union kämpft ein Volk ums Überleben. Sie verkaufen Perlonwäsche, Fahrradlampen, Steckdosen,

Pullover, bemalte Kürbisse, Kuchen, selbstgebastelte Bügelbretter — der Alte macht einen Kopfstand darauf, um zu zeigen, wie stabil es ist — Rosen, Silberschmuck — echt, raunt man dir ins Ohr — sie gucken, handeln, ramschen, betteln, stehlen — mir auch den Geldbeutel...

Das ist jetzt vier Wochen her. Wir sind immer noch in Lima. Den südamerikanischen Walzer können wir noch nicht. Morgen früh aber wollen wir endlich weiterfahren.
Nur noch einen kurzen Besuch in der Peña von Señora Valentina. Sie ist eine alte Sängerin, und ihr Lokal liegt in der Avenida Iquitos. Sie schüttet den Mädchen Nudeln in den Ausschnitt, bevor es losgeht. Das bringt Glück. Und wer da hingeht, fährt am nächsten Tag nicht weiter.

Die geheimnisvolle Stadt am Urubamba

Auf Weisung seines Vaters stieg Manco Capác mit seiner Schwester Mama Ocllos aus dem Titicacasee, um Tehuantinsuyo zu gründen, das „Reich der Vier Regionen". Der Vater war kein Geringerer als der Sonnengott Inti, und das Reich sollte zwei Millionen Quadratkilometer groß werden: von Kolumbien bis nach Chile und Nordargentinien, vom Pazifik bis in den Dschungel des Amazonaslandes. Manco Capác nahm seine Schwester zur Frau und gründete die Stadt Cuzco, die Hauptstadt des Reiches. Er war der Urvater der Inkas, der Kaiser, und alle nachfolgenden Inkaherrscher konnten deshalb ihren göttlichen Anspruch von der Sonne herleiten.
Sie führten ihr Volk zu großen Siegen und Wohlstand. Wären nicht zwei verrückte Abenteurer gelandet, einer namens Cortéz bei Veracruz in Mexiko und einer namens Pizarro bei Tumbes im Norden Perus, wer weiß — vielleicht wären sich die Armeen der Inkas und der Azteken eines Tages in Panama gegenübergestanden.
Während die Mexikaner ihren Eroberer als Kulturvernichter verdammt haben, feiern die Kreolen an der Küste Perus ihren als Kulturbringer. Jeder Indianer mit einem Schuß weißen Blutes stimmt ihnen zu. Sie haben diesem spanischen Conquistador, der im April des Jahres 1532 mit 180 Soldaten und 37 Pferden hier ankam und geschickt in den Thronfolgestreit der Inkas eingriff, überall Denkmäler gesetzt. Auch in Lima steht er hoch zu Roß neben dem Regierungspalast. Die Nachkommen der Eroberer haben es wohl nötig. Restlos erobert worden ist das Land um den Titicacasee und am Urubambafluß noch nicht.
Die Menschen dort sprechen noch immer die Sprache der Inkas, das Ketschua. Weil jahrhundertelang auf den Schulen ausschließlich in Spanisch gelehrt wurde, schickten sie ihre Kinder nicht in die Schule. So blieben sie beim Ketschua, das daheim, auf dem Feld und im Dorf gesprochen wird. Erst im Rahmen einer deutschen Entwicklungshilfe im Kampf gegen das Analphabetentum

wird im Hochland seit 1978 Schulunterricht in der alten Inkasprache erteilt. Seither fehlen die Kinder nicht mehr so oft.
Erdbeben sind im Hochland häufig. Doch jedesmal stürzen nur die Gebäude der Kreolen ein, nicht die Grundmauern, auf denen diese Gebäude stehen. Sprache und Mauern der Inkas halten sich unnachgiebig.

Der Weg in ihr Kernland ist beschwerlich. Gleich, welchen man wählt, es geht immer über Pässe von 4700 und 4800 Metern. Die Straße, für die wir uns entschieden haben, scheint noch aus der Inkazeit zu stammen und Beweis führen zu wollen, daß sie Erdbeben erlebt hat und die Inkas das Rad nicht kannten. Wir hoppeln mit der doppelten Geschwindigkeit eines Wanderers über Felsbrocken, würgen durch Sandlöcher und rutschen durch schäumende Gebirgsbäche. Manchmal glauben wir, daß die Erbauer mehr an Stufen für Fußgänger dachten, als sie den Weg in den Felsen schlugen, denn an eine Fahrbahn für Autos. Zu Fuß ginge es nicht viel langsamer.
Aber mit dem Auto haben wir ein warmes Bett dabei. Wir werden es brauchen, wenn in der Nacht Flüsse und Seen zufrieren, weil die Temperatur weit unter den Nullpunkt absinkt.
Ich muß immer wieder aussteigen, um den schonendsten Weg durch die Felsspitzen zu suchen, manchmal auch die Straße selber.
Ich werfe einen Stein auf die Anhöhe neben mir und stelle mir vor, ich würde den Gipfel des Montblanc treffen. Im Gegensatz zum Montblanc trägt dieser Hügel hier aber keinen Panzer aus Eis, sondern ist mit hartem Steppengras bewachsen. Es ist der Condori und „nur" 4925 Meter hoch. Die richtigen Berge thronen darüber, der Vulkan Misti, der sein Schneekleid in der grellen Sonne verloren hat, und das Massiv Nevada Chanchani, mit 6075 Metern Höhe, das aus seinen Eiszacken silbrige Pfeile in die Augen schießt.
Die Straße von Arequipa nach Puno führt zunächst um den Vulkan Misti herum, dann über einen Paß an einen Salzsee, durch ein ödes Wüstental. Erst wenn man die Flüsse Cancusane und

Paty durchfahren hat, beginnt die Vegetation mit binsenartigem Gras auf den Höhen und Ginsterbüschen mit leuchtend gelben Blüten in den Flußtälern.
Es ist unser zweiter Anlauf in den Altiplano von Peru. Da wir bei unserer Reise in den Altiplano von Ekuador keine Beschwerden verspürt hatten, sind wir bedenkenlos von Lima hinaufgefahren, über den Ticlio, von 0 auf 4843 Meter. Die Nacht haben wir auf 4400 Meter verbracht, panisch nach Luft ringend, so daß wir am nächsten Morgen wieder umkehren mußten.
Diesmal haben wir uns besser angepaßt. Die Stadt Arequipa, aus weißem Vulkangestein Silla in einladender Architektur gebaut, machte uns einen Gewöhnungsaufenthalt von einer Woche in 2400 Metern Höhe leicht. Jedenfalls wird uns jetzt nicht schwindlig, und wir bekommen genug Luft, wenn wir uns vorsichtig bewegen. Und wir bewegen uns vorsichtig, auch aus Furcht, dieses in einem Ursturm erstarrte Land könnte sich in rasende Ungeheuer verwandeln, die rachedurstig über uns herfallen, weil wir ihre Ruhe mit röhrendem Motor und quietschenden Federn stören.
Wir übernachten auf einer Wiese am Flüßchen Conaviri. Vor dem Schlafengehen steige ich aus, um noch einmal um das Auto zu gehen. Der Kegel der Taschenlampe geistert über Reifen und Karosserie. Ich spüre, wie der Boden unter meinen Füßen gefriert. Dann richte ich den Blick nach oben und verlösche die Lampe. Fassungslos rufe ich Inge aus dem Wagen.
Da ist kein Himmel über uns! Wir selbst befinden uns mitten im Weltall und schweben auf einer Plattform durch die Milchstraße. Die Sterne funkeln nicht. Ihre Wellen erreichen uns klar und wahnsinnig herausfordernd!
Am nächsten Tag ziehen Lamaherden an uns vorbei. Eine freundliche Alte verkauft uns Benzin, das sie mit einer Blechdose aus einer Tonne schöpft. Das Dorf Mañazo ist ein Straßenzug von Lehmhütten, die niedriger als unser Auto sind. Vom Titicacasee dringt milde Luft herauf und ermöglicht hier den Anbau von Kartoffeln und Mais.
Stunden später schauen wir von einer Anhöhe über diesen See.

Er liegt tiefblau zwischen gelben und ockerfarbenen Bergrücken und hat viele grüne Schilfbuchten. Die Stadt Puno tupfert sich bunt vom Ufer die Hänge hinauf. Kann man die schwimmenden Schilfinseln der Uros-Indianer erkennen?

Die Straße von Juliaca nach Cuzco ist etwas besser. Auf rüttelnder Wellblechpiste steigern wir unsere Reisegeschwindigkeit auf einen Schnitt von 26 Kilometern pro Stunde. Wer hier versucht, schneller zu fahren, um über die Wellen zu „schweben" (siehe Alaska Highway), muß unterwegs anhalten und seine Tür oder den Kotflügel wieder auflesen.

Wir fahren durch eine einsame und ernste Landschaft, das Collachohochland, auf dessen kargen Hügeln Lamas, Schafe und Rinder weiden, durch die ärmlichen Adobedörfer Pucara, Ayaviri, Chucibambilla, den Santa-Rosa-Fluß stromauf nach Norden, an dem schneebedeckten Felsklotz Cunurama entlang, über den Paß La Raya. Danach ist es, als würden wir den Sankt Gotthard hinunter ins Tessin fahren. Die Luft, eine Spur feuchter, wird wärmer, ist nicht mehr so klar, und ein munterer Fluß sprudelt durch grüne Wiesen. Maisfelder klettern links und rechts in Terrassen in die Berge, begleitet von kleinen Eukalyptuswäldern, bald auch von Palmen und Bananenstauden.

Wir befinden uns noch immer in 3500 Metern Höhe. Doch der Fluß, der mit einem verwirrenden System von Bewässerungskanälen nach Norden plätschert, der hier den Namen Vilcanota trägt, ist der später durch Dschungelberge schäumende Urubamba, ist ein Teil des Ucayalis, ist eine Quelle des Amazonas. Der Wind, der das Tal herauffegt, kommt mit leichtfertiger Wärme. Die Trachten der Indianer scheinen hier reicher und bunter zu sein.

So ist Cuzco, in einem Nebental des Urubamba gelegen, keine finstere Bergstadt, die sich über die verlorenen Hauptstadtehren grämt, sondern eine lebendige Metropole und Mittelpunkt der Inkakultur.

Als die spanischen Sieger im November 1533 die Stadt plünderten und Tempel und Häuser abrissen, gelang es ihnen nicht, sie

vollständig zu zerstören. Der von den Inkas angelegte Stadtplan gilt noch heute. Viele Gebäude sind auf den Mauern der Inkas errichtet. Die solide Bauweise der Indianer und die verspielte Architektur der Europäer verleihen der Stadt einen einmaligen Reiz.
Märkte, Cafés, Restaurants, Händler, Indianer in ihren traditionellen Trachten und auch die Touristen schaffen ein lockeres Kunterbunt, von dem man sich gerne aufnehmen läßt. Schon tauschen wir bei einem indianischen Maler ein Bild gegen eine europäische Ledertasche, handeln bei einer Inkafrau um einen Alpacapullover. Reines Alpaca für achtzehn Mark? Das kann doch nicht sein. Ein Kilo Alpaca kostet achtzig Mark, auch in Cuzco! Nun ja — ein wenig Schafwolle sei schon dabei...
Auf der Plaza de Armas klingen Flöten, Gitarren und Trommeln. Studenten in alten Ketschuatrachten führen Karnevalstänze vor. Wir probieren das Hüpfen zu dieser fröhlichen Flötenmusik am Abend in der Taverne. Doch bald hüpfen nur noch die Einheimischen zu den Rhythmen der Kapelle. Sie haben mehr Blut im Körper, und ihre Herzen leisten eine bessere Pumparbeit als die gewöhnlichen, auf den Schwarzwald trainierten.

Zu Cuzco gehört nicht nur der Markt des Dorfes Pisac mit den schönsten Trachten Perus, und nicht nur das Nachdenken, wie die Inkas es fertigbrachten, 350 Tonnen schwere, blankpolierte Steine, fugenlos zu der Festung Sacsayhuaman zusammenzufügen. Zur Inkametropole gehört auch jene geheimnisvolle Stadt Machupicchu, deren Bedeutung den Gelehrten noch Rätsel aufgibt.
Als die Spanier nach ihrem Einzug in Cuzco glaubten, das Land in ihrer Hand zu haben, überfielen die Inkas immer wieder spanische Versorgungstransporte. Die Inkatruppen verschwanden nach ihren Anschlägen jedesmal spurlos. Als ganze Armeen gegen die Spanier antraten, blutige Aufstände anzettelten und diese Armeen sich dann in Luft auflösten, glaubten die Spanier an Zauberei. Die Spuren der Indianer ließen sich nur bis ins Urubambatal verfolgen, dann verliefen sie sich. Spanische Soldaten

durchkämmten das Gebiet. Sie fanden nichts. Und die Inkas hielten sie jahrzehntelang zum Narren. Sie hätten die Lösung, dachten die Spanier, als sie schließlich den Kaiser Tupac Amaru gefangennehmen konnten. Der Inka verriet aber trotz Folter bis zu seinem Tode nicht, wo sich seine Truppen versteckt hielten. Die Angriffe der Inkas ließen dann allmählich nach. Ihr Versteck aber fanden die Spanier nie.
Der Amerikaner Binghams entdeckte es, und zwar erst im Jahre 1911. Und es war nicht nur ein Versteck, sondern eine ganze Stadt mit Wohnhäusern, Tempeln und Palästen, mit Wasserleitungen und Abwasserkanalisation. Sie war so geschickt angelegt, daß sie kaum aufzuspüren war, versteckt in den Bergen und der Vegetation, über der Urubambaschlucht.
Mit dem Auto kann man nicht nach Machupicchu fahren. Das Urubambatal wird so eng, und die Berge fallen so steil in die Schlucht, daß die Peruaner Mühe hatten, wenigstens eine Eisenbahn zu legen.
Wir kommen bis Ollantaytambo und stellen das Auto in den Hof eines Anwesens neben dem Bahnhof. Die Besitzerin möchte die Parkgebühr, ein Dollar pro Tag, in amerikanischer Währung bezahlt haben. Warum? Sie möchte gerne nach Deutschland reisen, dort lebe eine ihrer Töchter mit einem Deutschen. Minuten später erzählt uns die Bäckersfrau, daß auch sie nach Deutschland fliegen möchte. Eine ihrer Töchter sei dort mit einem Deutschen verheiratet. Spricht das nicht für die Inkamädchen aus dem Urubambatal?
Ich frage den Bahnhofsvorsteher, wann der nächste Zug nach Aguas Calientes fahre. Das ist eine Ortschaft vor Machupicchu, in der es Restaurants und Hotels geben soll. Woher soll denn das der Bahnhofsvorsteher von Ollantaytambo wissen? Das steht erst fest, wenn der Zug da ist. Dann kann er ihm nämlich die Abfahrt freigeben.
Der Eisenbahner schaut auf die Uhr. Sie steht. Er sagt, so zwischen fünf und sechs. Der Zug kommt um halb fünf. Wir drängen uns einundvierzig Kilometer lang zwischen Menschen, Hühnern, Kohlköpfen und Gepäck. Unsere Sinne machen neuartige

Erfahrungen, und wir staunen, wie es den Verkäuferinnen von Tamales (in Palmblättern eingewickelter, heißer Maisbrei, manchmal mit Fleisch) oder Chicha (gegorener Maissaft) gelingt, durch dieses Chaos zu kommen, zweifeln auch, ob alle auf den Rücken der Frauen gebundenen oder an der Brust saugenden Kinder die Eisenbahnfahrt überleben werden.
Die in Aguas Calientes angebotenen Übernachtungsmöglichkeiten entsprechen nicht unbedingt unseren Bedürfnissen. Wir glauben, daß uns im Freien weniger geschehen wird und beschließen, irgendwo auf einer Wiese zu schlafen.
Wir befinden uns hier nur 1800 Meter hoch. Der Dschungel hat seine feuchtwarme Hand nach uns ausgestreckt, und vom Sternenhimmel ist nichts zu sehen. Schließlich verbringen wir die Nacht unter einem Wellblechdach und lauschen dem strömenden Regen.
Etwas feucht wandern wir bei Sonnenaufgang auf dem Bahngleis die Urubambaschlucht entlang. Der Bahndamm ist die einzige Möglichkeit, die verschiedenen Siedlungen zu erreichen. Wir begegnen daher vielen, mit Säcken bepackten Indianern und einzelnen Touristen. Auch die Ortschaft Aguas Calientes zieht sich am Bahngleis entlang. Feuchte Wellblechhütten, die Wohnungen, Hotels oder Kneipen sein sollen, benützen den Bahndamm als Hauptstraße, auf dem sich das Gemeindeleben abspielt.
Von unten kann man die geheimnisvolle Stadt da oben auf dem Berg nicht erkennen. Ein Bus kriecht mit uns in Serpentinen die steile, dicht bewachsene Wand empor, auf 2250 Meter Höhe. Die Stadt liegt auf einer schmalen Plattform zwischen dem Berg Machupicchu und dem Kegel Huayana Picchu. Da die Gelehrten ihren Namen nicht herausgefunden haben, hat man sie nach dem Berg benannt. Steil unten rauscht der Urubamba in einem Bogen um die Plattform. Die Inkas müssen amüsiert beobachtet haben, wie sie im Tal verzweifelt von den Spaniern gesucht wurden.
Die Inkas kannten kein Geld. Wir können uns nicht vorstellen, wie sie die Probleme des Güteraustausches bewältigten, wenn es keine überall geltende und im Wert gleichbleibende Zahlungsein-

heit gab. Aber die Inkas haben auch keine Bettler gekannt. Das Land hat nicht Großgrundbesitzern gehört, sondern allen — dem, der es bebaute. Und das Grundstück des Kaisers durfte erst zuletzt umgepflügt werden. Bei den Inkas gab es auch keine Arbeitslose oder Hungernde. Es war Aufgabe des Staates, allen zum Essen zu geben und die Arbeit so zu verteilen, daß auch Blinde und Kinder nach ihren Fähigkeiten am Produktionsprozess teilhatten. Und es soll weder Prostitution noch Korruption gegeben haben. Das Ideal war, nicht reich an Geld, sondern reich an Tugenden zu sein. Das Gold benützten sie, um schöne Frauen nachzubilden, Frauen, die man liebte.
Wir laufen durch Gassen, überqueren Plätze und erklettern Tempel und Paläste. Nichts ist zerstört worden. Die Stadt ist von selbst gestorben. Dicht bewachsene Bergkegel recken sich in den Himmel, und Hänge stürzen sich ineinanderverknäulend ins Schwarz der Schlucht. Solche Landschaften und verwunschenen Schlösser haben wir als Kinder gemalt. Und ich weiß jetzt, wovon ein Ketschua träumt, wenn er an der Mauer lehnt und Coca kaut — daß Manco Capác wieder aus dem Titicacasee steigen möge, um Tehuantinsuyo zu gründen, das Reich der Vier Regionen.

Parade der Preußen Südamerikas

Es könnte irgendwo an einer deutschen Grenze sein: Männer mit korrekt sitzenden Uniformen stellen höflich ihre Fragen und verrichten gewissenhaft ihre bürokratischen Arbeiten. Genau, aber ohne Schikane ist die Kontrolle. Nur bei unserem Namen ergeben sich Schwierigkeiten.
„Ihr Muttername?"
Wir antworten, daß wir den Namen der Mutter normalerweise in Deutschland nicht führten, sondern nur den Namen des Vaters.
„Wir sind hier in Chile", sagt der Grenzpolizist. „Ich muß Ihren Mutternamen eintragen."
Es entsteht eine Diskussion. Erst das Wort Patriarchat beeindruckt ihn, und er malt einen Strich in seine Spalte.
Dann dürfen wir in ein Land einreisen, dessen äußere Gestaltung bereits einzigartig ist. Es erstreckt sich als schmales Band in Nordsüdrichtung über 38 Breitengrade, 4300 Kilometer lang und im Durchschnitt nur 190 Kilometer breit, von den Tropen bis zur sturmgepeitschten Subarktis, bis „ans Ende der Welt", entlang der pazifischen Küste und der Andenkette, die hier mit aufgesetzten Vulkanen fast die Höhe von 7000 Meter erreicht.
Der Norden ist eine lebensfeindliche, sonnendurchglühte Hochgebirgswüste, mit farbigen, schroffen Felsen, Sanddünen und verkrusteten Salzseen: die Atacama. Es soll hier zum letzten Mal vor vierhundert Jahren geregnet haben. Vegetation findet sich nur in Flußtälern und Oasenstädten. Wir sind jetzt Tausende von Kilometern durch Wüste gefahren und müssen noch tausend fahren.
Doch als das erste schüchterne Gras auftaucht, vierhundert Kilometer vor Santiago, dann Weidenbäume und Pappeln auf saftigen, blütenübersäten Wiesen, wird uns ganz weh ums Herz. Aus dem Radio klingen deutsche Frühlingslieder. Die Luft ist ungewohnt kühl. Aus dem Grün steigen die Schneekämme der Anden, aber in den Gärten blühen Fliedersträucher und auf den

Hügeln Kirschbäume. Es ist Frühling auf der Südhalbkugel. Wir sind unversehens hineingeraten.
Daß der Südfrühling der gleiche verräterische Bruder ist wie sein nördlicher Kollege, erfahren wir, als Schneeschauer Uhlands blaues Band unter pappigem Weiß begraben. Die Bauern gucken sorgenvoll aufs Thermometer. Wenn uns in Deutschland diese Rückfälle geärgert haben, sagten wir, ans Mittelmeer müßte man fahren — und haben es manchmal auch getan.
Hier fährt man von Santiago nach Viña del Mar, einem eleganten Badeort am Pazifik. Die Küste sieht aus wie die Ufer der Costa Brava, rote Felsen, Palmen und Agaven — nur sauberer.

Und da steht Jochen am Auto, mit sauberem Hemd und geputzten Schuhen, mit zerknittertem Gesicht und Tränen in den Augen. Ob wir wirklich aus Deutschland seien? Ihm reicht die Rente nicht, also muß er als Wachmann dazuverdienen. Sein Vater ist Deutschprofessor in Valdivia gewesen und Jochen einige Zeit zur See gefahren. Einmal war er in Hamburg. Der Kapitän hat ihn aber nicht an Land gehen lassen, weil er befürchtete, Jochen würde nicht mehr auf das Schiff zurückkommen.
Deutschland ist somit sein Traum geblieben. Wir müssen ihm erzählen, von Württemberg, von der Pfalz, von Bayern... Wie das bei uns so ist. Neulich sei eine Showgruppe im Casino aufgetreten. Sie hätte sich als deutsche Gruppe ausgegeben. Das wäre aber eine Lüge gewesen. Jochen hat es im Fernsehen bei seinem Nachbarn miterlebt, es wären lauter Neger gewesen, und sie hätten lauter amerikanische Sachen gesungen.
Gleich darauf steht eine Gruppe von Menschen bei uns, „typische" südamerikanische Namen, Schulte, Brinkmann und Schmidt: „Die beste Wurst bekommen Sie bei Niemöller und Vollkornbrot bei Obermann." Es gäbe originalverpackte deutsche Markenbutter und niedersächsisches Yoghurt. „Sie müssen in den Süden fahren, an den Llanquihue-See, da ist es besser. Hier ist das noch nicht so."
Doch, hier ist es auch so, in Valparaiso, Antofagasta und Santiago. Peinlich sauber. Nicht nur in den Vorzeigestraßen der Städte

Wer in das Hochland der Inkas will, muß zuerst einmal über einen atemraubenden Paß.

Ketschua-Mädchen aus dem Urubambatal

Wovon träumt ein Ketschua, wenn er Coca kaut?

Das Heiligtum Südamerikas: Machupicchu.

Er muß die Sorgen der Erwachsenen schon mittragen.

Um zehn Uhr morgens sind die meisten Flüsse in den Anden wieder aufgetaut.

Das Leben in Pisac.

Preußens Gloria in Chile

Lamas in 4500 Metern Höhe

und in den Vierteln der besseren Leute. Auch dort, wo die niedrigen Hütten stehen und Menschen mit verhärmten Gesichtern herausschauen. Gefegte Wege, kein Abfall, vor den Hütten gepflanzte Bäume und Blumenbeete, jede mit Wasser und Strom versorgt, viele mit einer Fernsehantenne versehen — Armenhütten, frisch gestrichen.
In solche Straßenzüge kann man hineingehen, ohne fürchten zu müssen, überfallen zu werden. Es sind keine Slums. Da sieht man dann blasse Gesichter, dünne Beine, und der Junge, der bettelnd die Hand ausstreckt, ist ein blonder Lockenkopf mit blauen Augen. Er heißt Oscar. Er trägt ein geflicktes, aber sauberes Hemd, ordentlich zugeknöpft, und saubere Schuhe. Sein Vater ist gerade arbeitslos. Es gibt in Chile keine wie bei uns geregelte Arbeitslosenunterstützung. Die Kommune beschäftigt die Arbeitslosen für 50 bis 100 Mark im Monat mit irgendwelchen Arbeiten. Oscar hat noch vier Geschwister. Sonntags kann er 40 Pesos verdienen, wenn er am Cerro San Cristobal parkende Autos bewacht und wäscht. Nicht ohne Stolz bemerkt er, daß sein Verdienst dazu beiträgt, „das Haus zusammenzuhalten". Er ist zehn Jahre alt und geht zur Schule, wie alle chilenischen Kinder.
Sauber sind auch die Strände. „Halte den Strand sauber, damit er dich zum Baden einlädt", steht auf einem Schild an der Küste. Und gepflegt sind auch die Parkanlagen.
Ob Fußgängerzone, Metrostation oder Arbeitervorstadt, überall wird geputzt und repariert. Auch einfache Restaurants haben klare Scheiben und frische Gardinen. Wir können in dieser Gegend Südamerikas bedenkenlos Salate essen und Wasser trinken. Natürlich nicht nur Wasser. In Chile werden Weine produziert, die sich hinter französischen nicht zu verstecken brauchen.

Die Ordentlichkeit dieses Landes, in dem alle Straßen mit Namensschildern versehen sind, in dem der Tankwart nicht versucht, einen zu betrügen, in dem man auch von der Marktfrau eine Quittung bekommt, das sich also von allen anderen lateinamerikanischen Ländern unterscheidet, führen auch die nicht-

deutschstämmigen Chilenen auf die Deutschen zurück. Die ersten sollen bereits 1558 gekommen sein. Die organisierte Einwanderung erfolgte in der Mitte des 19. Jahrhunderts, als Chile die Deutschen ins Land rief und mit verschiedenen Gesetzen ihren Start sicherte. Sie siedelten sich hauptsächlich im Süden an, zwischen Valdivia und Puerto Montt. Manche Leute sagen, es sei das Land der wilden Araucas gewesen, und andere wären daraus immer wieder vertrieben worden. Die Deutschstämmigen da unten aber wollen von Indianerkämpfen nichts wissen. Das Land sei frei gewesen, sagen sie. Dort im Süden haben sie ihre Sprache und ihre Sitten behalten. Wenn man ein wenig am Radioknopf dreht, bekommt man es über den Äther bestätigt.
Die Ordentlichkeit Chiles liegt sicher nicht nur an den Einwanderern aus Mitteleuropa. Es liegt auch daran, daß keine Abenteurer hierherkamen, die das Land ausbeuten und schnell reich werden wollten, sondern Bauern, die durch eigene Arbeit ihr Auskommen suchten und an kommende Generationen dachten. Sie haben das Land anders behandelt und anders organisiert.
In Chile gehört Schwarzwälder Kirschtorte zum Alltagsleben wie Bavaria-Bier und Leberwurst. Kuchen heißt hier „Kuchen", das vornehme Möbelgeschäft nennt sich „Schöner Wohnen", die Boutique daneben „Kinderstub". Und der Nationaltanz, die Cueca, hört sich von weitem an wie ein Schuhplattler. Das Akkordeon verzieht natürlich alles. Erst wenn man näher kommt, hört man den Taktwechsel zwischen Sechsachtel und Dreiviertel. Dieser Rhythmus sowie Gitarre und Harfe machen ihn dann spanisch. Die Chilenen tanzen die Cueca nicht so frivol wie die Peruaner ihre Marinera, sondern gesittet elegant. Zur Cueca trinkt man Wein oder Chicha und ißt Empanadas, mit Fleisch gefüllter, gerösteter Teig.
Chile ist nicht nur das sauberste Land Lateinamerikas, es liebt auch schicke Kleider. Hier kehren sie den Lateiner heraus. Wie sie es anstellen, muß Nationalgeheimnis sein, denn mit 600 Mark für einen Berufsschullehrer und 1000 Mark für eine mehrsprachige Außenhandelskorrespondentin sind die Gehälter nicht gerade üppig. Außer beim Wein liegen die Preise in der Nähe des

deutschen Preisniveaus. So mancher muß versuchen, sein Einkommen durch eine Nebentätigkeit zu verbessern. Doch Boutiquen mit Kleidern von Cardin und New Man sind an jeder Ecke zu finden, neben unzähligen Modegeschäften der heimischen Textilindustrie. Alle scheinen gute Umsätze zu machen. Schon der erste Bummel zeigt: die Chilenin ist die bestangezogenste Frau Amerikas. Je länger der Aufenthalt dauert, um so sicherer wird dieses Urteil. Wir müssen unsere abgewaschenen Jeans verstauen und die „besseren" Kleider hervorkramen.

Nirgendwo sind Deutsche so gut angesehen wie in Chile. Bereits an der Grenze holt man uns aus der wartenden Schlange und fertigt uns gesondert ab. Später, bei der Fruchtkontrolle — sie soll das Einschleppen tropischer Fruchtkrankheiten verhindern — schaut der Kontrolleur nur kurz in meine blauen Augen und glaubt meiner Aussage, keine peruanischen Früchte im Auto zu führen. Polizisten steigen ein, wenn wir in Valparaiso oder in Santiago nach dem Weg fragen und dirigieren uns so lange, bis wir unser Ziel ganz sicher finden. Sie setzen sich auch mal mit Kollegen per Funk in Verbindung, um die richtige Auskunft zu geben.
Nicht nur, daß uns die Leute spontan einladen, zum Essen und zu Festen, oder ihr Telefon anbieten. Eine Wäscherei wäscht uns kostenlos die Wäsche. Eine Firma, die uns nicht helfen kann, schickt einen Angestellten mit uns durch die halbe Stadt, damit wir die richtige Fabrik finden. Eine VW-Werkstatt führt eine Reparatur kostenlos aus.
Eines Abends übernachten wir in der Provinzhauptstadt Los Andes, nicht weit von jenen Häusern, in denen die weniger Erfolgreichen wohnen. Vor dem Schlafengehen wechseln wir mit dem „Nachbarn" ein paar Worte. Ihm ist das fremde Auto aufgefallen. Am nächsten Morgen steht die Frau mit mehreren Kindern am Rockzipfel vor dem Auto. Man sieht ihnen an, daß sie sich mehr als einmal etwas vom Munde abgespart haben. Aber sie reicht fünf Eier, zur „Erinnerung".
Sie bewundern unsere Komponisten, unsere Dichter. Im Theater

läuft „Faust", im Kino „Die Blechtrommel", und Hermann Hesse ist in jedem Supermarkt zu haben. Ein Osterfest in Santiago ohne das „Halleluja" und ohne die „Hymne an die Freude" wäre gar nicht denkbar. Genauso bewundern sie unsere Ingenieure und Kaufleute. Das geht so weit, daß sie auch dann noch deutsche Geräte kaufen, wenn sie teurer und technisch nicht so vollkommen sind wie die eines tüchtigen, ostasiatischen Landes, und die Bedienungsanleitung in Englisch ist, anstatt in Spanisch oder Deutsch. Ein Lehrling, der Außenhandelskaufmann werden möchte, gibt als erste Fremdsprache Deutsch an. Auf unser Erstaunen sagt er: „Warum? Unser Partner ist doch Deutschland." Das chilenische Bildungssystem genießt in Lateinamerika das höchste Ansehen. Eine wesentliche Stütze hier sind die Deutschen Schulen. Und da singt man am Montagmorgen nicht nur die chilenische Nationalhymne, sondern auch „Einigkeit und Recht und Freiheit..."
Oft hören wir, es müßten mehr Deutsche nach Chile auswandern, damit sie die Probleme des Landes besser lösen könnten. Aber was sollten deutsche Einwanderer tun gegen Landflucht und zunehmende Verstädterung und gegen ein Bevölkerungswachstum, das dreimal so hoch ist wie in Europa, mit all den sozialen und wirtschaftlichen Spannungen?
Bei einer internationalen Radmeisterschaft geraten wir zufällig an die Kolonne der Rennfahrer. Wir fahren hintendrein und denken nicht an unser Schwarzrotgold am Auto. Eine deutsche Mannschaft ist aus irgendeinem Grunde nicht dabei, dafür aber alle anderen aus Belgien, der Schweiz, Italien und vielen amerikanischen Staaten, mit Betreuungswagen und Reklamefahrzeugen. Es werden immer mehr Zuschauer, wir nähern uns dem Etappenziel. Dann Polizeiketten und Menschenmassen. Sie jubeln. Wir ziehen das Genick ein. Sie rufen — und sie meinen uns: „Viva Alemania!"

Alle großen deutschen Tageszeitungen sind an den Kiosken in der Ahumada in Santiago zu haben, neben anderen deutschsprachigen Zeitungen aus Argentinien und Chile selbst. Und deshalb

betrübt es die Chilenen, wenn sie lesen, was demokratische Journalisten in Deutschland über Chile berichten.
„Sie wissen nicht, wie das bei Allende war", schimpft Frau Moser aus dem Buchladen. Er sei zwar demokratisch nach den Regeln des Parlaments gewählt gewesen, habe aber nie die Mehrheit des Volkes hinter sich gehabt. Er habe das Land so unglücklich regiert, daß es sich entzweite. Als die Christdemokraten ihm die Unterstützung entzogen, legten seine sozialistischen Gesetze die Wirtschaft lahm. Nahrungsmittel wurden rationiert und die Rationen immer kleiner, so daß das Gespenst des Hungers auftauchte.
„Und jeden Tag Demonstrationen anstatt Arbeit", ruft Frau Lüdecke. „Mit Tränengas haben sie in meinem Laden gekämpft, und die Scheiben jeden Tag eingeworfen." Sie holt tief Luft: „Wir Frauen haben den Herrn Pinochet gebeten, mit diesem Spuk Schluß zu machen!"
Ungefragt bekommen wir Lob auf die Militärregierung zu hören. Ein Reisevertreter sagt uns in Arica: „Erst müssen wir den Südamerikanern das Arbeiten beibringen, dann wollen wir die Demokratie wieder einführen." Aber junge Chilenen wollen der Regierung nicht vergessen, daß gefoltert wurde und — man munkelt immer wieder etwas — vielleicht auch noch gefoltert wird, und sie fragen, ob die Brutalität beim „Regierungswechsel" notwendig gewesen sei.
„Maschinenpistolen sind keine Argumente", sagt eine Angestellte von der Stadtverwaltung.
Die Bundesrepublik hat damals die technische Hilfe auslaufen lassen. Geld hat Chile nicht bekommen. „Chile braucht kein Geld", sagt Herr Keppler von der deutschen Botschaft. „Aber Chile kommt mit der Ausbildung der Jugend nicht nach. Und ausgerechnet die hat unsere Regierung gestrichen. Damit schadet sie dem Volk und nicht seinem Diktator." Die Bundesrepublik sei jetzt das beste Land, um die Demokratie zu lernen.
Ein paar Tage später freut sich Herr Keppler. Es dürfen 50 Chilenen mit einem Stipendium nach Deutschland reisen. „Was meinen Sie, welche Maschinen sie kaufen, wenn sie als Meister

oder Ingenieure wieder zurückkommen und ihre Arbeit in chilenischen Betrieben aufnehmen?"

Liberale Wirtschaftspolitik hat Investitionen gefördert und verarbeitende Industrie ins Land geholt. Seit 1973 ginge es ständig besser, sagen uns alle. Der Diktator hat seinem Volk eine Verfassung vorgelegt, nach der er noch mindestens acht Jahre im Amt bleiben wird. Er möchte vom Volk bestätigt werden.
Im Fernsehen läuft die Propaganda für die Militärregierung. Wirtschaftler sprechen von Erfolgen und Frauen davon, daß sie wieder ruhig schlafen könnten. Die Opposition kommt nur im Rundfunk zu Wort. Da aber überraschend häufig und heftig.
Am Wahltag besuchen wir verschiedene Wahllokale. Die Wahl ist geheim. Männer und Frauen wählen getrennt. Die Auszählung ist öffentlich und so organisiert, daß jeder das Ergebnis überprüfen kann. Und die Opposition tut dies sehr genau, denn mehr hat sie dann nicht zu tun. Mit 67,5 Prozent stimmen die Chilenen dafür, in den nächsten acht Jahren keine parlamentarische Demokratie zu wollen. Als das Ergebnis durch Hochrechnungen feststeht, eilen Menschen auf die Straßen, und Autos beginnen ein Hupkonzert, das bis tief in die Nacht dauert. Ältere Damen tanzen die Cueca und rufen: „Viva el señor Pinochet!" Die Leute feiern bis in den Morgen.
Der legitimierte Präsident zeigt sich ein paar Tage später im O'Higgins-Park zur Parade am Nationalfeiertag. Er kommt im offenen Wagen und geht unbewacht in seine Loge. Niemand ist beim Eintritt in den Park auf Waffen untersucht worden. Winkend nimmt er den Beifall entgegen. Dann glauben wir, Bilder aus der Kaiserzeit zu sehen: preußische Paradeuniformen marschieren im Stechschritt zum Radetzkymarsch vorbei. Die militärische Show ist perfekt und einmalig in ganz Amerika.
„Es ist die zweitbeste Armee der Welt", sagt ein Zuschauer. Auf die Frage, welche die beste sei, sagt der Zuschauer: „Die deutsche."

Wer schuldig ist, bestimmt die Polizei

Cantero ist Polizeichef. Wenn er jemanden verhört, ist das Geständnis sicher, denn Cantero verhört mit Hilfe der Badewanne, gleichgültig, ob es sich um einen politisch oder kriminell Verdächtigen handelt. Weil alle bei Cantero gestehen, ist er sich nicht sicher, ob er den richtigen Täter hat. Deswegen bemüht man bei dreizehn Prozent der Gefangenen einen Richter, der den Verdächtigen verurteilt. Die anderen brauchen kein Gerichtsurteil. Für alle, die durch Canteros Behörde gegangen sind, ist der Rest des Lebens nicht mehr wert, gelebt zu werden, ob schuldig oder nicht schuldig. Cantero ist der größte Folterer von Paraguay — und 87 Prozent aller Häftlinge sitzen ohne Gerichtsurteil.
Cantero arbeitet zur Zufriedenheit des Diktators, still und unauffällig, damit der Diktator milde lächeln kann. Doch dann wird der Freund des Diktators ermordet, Somoza, der verjagte Tyrann von Nikaragua. Die Täter filmen den Anschlag und schicken den Streifen höhnend an die Polizei.
Wir erfahren in Chile aus der Zeitung von dem Attentat auf den Ex-Diktator Nikaraguas.
Ein ehemaliger Musikprofessor der Reichskulturkammer warnt uns, wir sollten nicht nach Paraguay reisen, es würde dort seit dem Mord Fürchterliches geschehen. Er erzählt Geschichten von willkürlichen Festnahmen, Prügelverhören, Vergewaltigungen und — daß der Bonus, Deutscher zu sein, nicht mehr gelte. Wir tun dies als Schauermärchen eines alten Nazis ab. Aber auch der argentinische Zöllner fragt, ob wir wirklich hinüber wollten.

Fünf Paraguayer empfangen uns freundlich am Übergang zur Hauptstadt Asunción. Sie blättern in unseren Pässen. Da werden ihre Mienen eisig. Die Pässe verschwinden in eine Schublade. Wir dürfen uns hinsetzen. Es wird gefunkt. Ein anderer kommt hinzu und rekonstruiert aus unseren Pässen, wo wir überall waren. Was lateinamerikanische Grenzer so stempeln...

Und natürlich sind wir auch durch Nikaragua gefahren. Was hatten wir da zu suchen?
Sie wühlen im Auto herum. Keine Waffen dabei? Alles nur Tarnung. Sie durchsuchen alle Papiere und Bücher. Auch meine Aufzeichnungen. Da steht zum Beispiel drin, daß die paraguayische Armee 1972 Guerillakrieg geübt hat, in Dörfern von Guaraní-Indianern. Da hat sie die Männer getötet und die Frauen zur Prostitution mit den Soldaten gezwungen. Da steht auch drin, daß die Armee Schießübungen veranstaltet hat. Um die Rekruten besser auszubilden, hat man als Zielscheiben lebende Guaraní-Indianer genommen. Wer auf Reisen ist, schreibt viel auf, Böses und Gutes. Aber die Notizen über die Vorzüge des jeweiligen Gastlandes sind es nicht, die mir den Schweiß auf die Stirn treiben. Außer die Vorzüge Nikaraguas.
Sie wühlen aber zu fünft, behindern sich gegenseitig und fahren sich an Blödsinnigem fest. Sie wollen den Personalausweis beschlagnahmen, es sei eine Identitätskarte des Intelligence Service. Ein Blasrohr beschäftigt sie. Es ist zweifellos eine Waffe. Und dann warten, stundenlang. Ihren Blicken nach zu urteilen sind wir von Nikaragua gekaufte Terroristen, die Unordnung in das schöne Land zwischen Paraná und Paraguay bringen sollen.
Ein Funker kommt. Der spannende Nachmittag geht zu Ende. Sie geben uns unsere Pässe wieder. Natürlich entschuldigen sie sich nicht. Sie verlangen zwanzig Dollar, für den Aufwand, ohne Quittung. Und: wir müssen eine Adresse in Asunción angeben, weil wir noch einmal überprüft werden sollen. Wir haben keine Lust mehr, Paraguay zu sehen, aber umzukehren wäre doch verdächtig.
Alle hundert Meter steht eine Militärkontrolle. Jeder blättert in den Papieren, jeder kann den Stempel von Nikaragua wieder finden und für verdächtig halten. Ein Freund in Asunción erzählt uns, daß es immer voller Risiken ist, festgenommen zu werden. Sie prügeln auf jeden Fall. Und wenn es dann doch nicht der gesuchte Terrorist ist, bekommt der verantwortliche Kapitän Angst, und der Verdächtige verschwindet.
Obwohl es sehr spät ist, suchen wir die Deutsche Botschaft. Wir

fragen Leute nach der Straße. Sie schicken uns zu Walter. Und der guckt nur und sagt: „Gehen Sie zu dem Pfarrer der Deutsch-Evangelischen Gemeinde, zu Pastor Ihle. Da sind Sie sicher."
Wir wollen aber zuerst zur Botschaft. Wir sehen umstellte Häuser, Soldaten in Schützenketten, aufgepflanzte Bajonette. Ein katholischer Geistlicher erzählt uns, daß sie damit in den Betten der Schwestern herumgestochen hätten, um nach Waffen zu suchen.
Die Sekretärin will uns nicht mehr hineinlassen. Es sei schon Feierabend.
„Dann schreiben Sie wenigstens unsere Namen auf."
Da weiß sie Bescheid.
Wir dürfen in die Botschaft und erzählen die Geschichte von unserem Stempel. Sie meint, alle seien jetzt verdächtig. Auch sie warte auf ihre Hausdurchsuchung. Wir vereinbaren für den anderen Tag einen Termin mit dem Konsul. Sie sagt, wir sollten die Abmachung pünktlich einhalten, weil sonst der Konsul...
Sie fährt voraus zu Pastor Ihle. Der Pfarrer öffnet wortlos das Gartentor. Dann sagt er: „Bleiben Sie, solange Sie wollen." Und dann kommt er mit einer Flasche Whisky. Der Zaun wird nicht viel nützen. Aber er wirkt beruhigend.
Der Pastor sagt: „Bei mir waren sie schon. Das heißt zwar nichts", er schenkt ein, „aber so schlimm ist das alles nicht."
Seine Frau erklärt uns Verhaltensmaßregeln: Nie ohne Papiere ausgehen, sich im Haus abmelden und sagen, wann man zurückkäme. Der Konsul rät noch, sich nicht zu auffällig in der Stadt zu bewegen. Wie macht man das? Und nach Einbruch der Dunkelheit sollten wir nicht mehr herumlaufen. Schade um die berühmte Musik von Paraguay. Der Konsul stellt uns eine Bescheinigung aus, daß in Deutschland nichts gegen uns vorläge. Die Autoritäten werden gebeten, unsere Reise zu erleichtern. Pfarrer Ihle gibt uns noch eine Empfehlung an den katholischen Bischof Bockwinkel. „Jeder, der lesen kann, wird Sie für Touristen im Auftrag Gottes halten." Es kann aber nicht jeder lesen.
Die Milde des Diktators ist trügerisch gewesen. Nach dem Mord an Somoza werden alle Argentinier, deren man habhaft werden

kann, festgenommen. Dazu alle anderen, die irgendwie verdächtig sind. Darunter auch ein Ehepaar, das sich auf Hochzeitsreise befindet und nur in Asunción zwischenlandet. Ins Gefängnis kommen auch zehn Deutsche. In jede Zelle pfercht man 70 Personen. Es ist so eng, daß es nur Stehplätze gibt. Die Toilette funktioniert nicht. Nach drei Tagen sieht hier jeder aus, wie ein Verbrecher auszusehen hat.
Die Untersuchungsgefangenen bekommen tagelang nichts zu essen, dafür vor jedem Verhör Prügel. Dringend Verdächtige werden speziell behandelt. Einer überlebt es nicht. Er wird auf der „Flucht erschossen".
Sie prügeln Argentinier über die Grenze, darunter Familienväter, die jahrelang in Paraguay gelebt haben und mit paraguayischen Frauen verheiratet sind. Denen fehlt jetzt der Ernährer. Warum die Argentinier? Die Mörder Somozas sollen Argentinier gewesen sein. Der Präsident sei wütend, sagen die Leute, das könne ihm ja auch passieren. Da wird aber auch geklatscht, der Somoza habe mit einer Tochter vom Stroessner — und deren Ehemann habe dann...

Paraguays Geschichte beginnt für die Europäer recht angenehm. In diesem Teil Südamerikas wohnten damals Guaraní-Indianer. Sie waren ein kriegerisches Volk und plünderten gern die Städte der Inkas. Überfälle und Vergeltung der Inkas führten zu einem so großen Frauenüberschuß, daß man die Gegend bald „Land ohne Männer" nannte.
Als europäische Abenteurer hungrig auf der Suche nach Gold den Paraguay stromauf kamen, trieben die Guaraní ihnen ihre überzähligen Frauen entgegen. Diesem Ansturm waren die Weißen nicht gewachsen. Sie blieben — jeder soll sich vierzig Frauen genommen haben — und gründeten die Stadt Asunción. Der erste Gouverneur bestätigte 1540 die Vielweiberei, damit das Land bevölkert würde. 1811 war es wieder so bewohnt, daß Paraguay seine Unabhängigkeit erklären konnte. Die ersten Mächtigen hockten nun zusammen, um die Argumente für den besten Präsidenten zu finden. Da zog José Gaspar Rodriguez da Francia

zwei geladene Pistolen. Er wurde der erste Präsident dieses Landes.
Er nannte sich El Supremo, der Höchste, dessen Wort Gesetz wurde. Der spanischen Führungsschicht verordnete er Guaraní-Frauen, verbot jegliche Art von Kunst und ließ Andersdenkende hinrichten. Aimé Bonpland, der langjährige Reisebegleiter Humboldts, kam auf Forschungsreise nach Paraguay – und durfte nicht mehr ausreisen. Der Diktator wollte verhindern, daß Bonpland Informationen über Paraguay ins Ausland trug.
Der nächste Diktator, C. A. López, war ein milder. Er schaffte die Sklaverei ab und öffnete die Grenzen. Er gründete Schulen, förderte die Einwanderung und rief Spezialisten ins Land, mit denen er eine der ersten Eisenbahnen Südamerikas baute. Damit brachte er während seiner Regierungszeit bis 1862 dem Land einen gewissen Wohlstand.
Sein Sohn, F. S. López, wurde in Paris ausgebildet. Als er das Amt übernahm, wollte er der Napoleon Südamerikas werden. Nach dem Krieg gegen Argentinien, Uruguay und Brasilien starb dieser Napoleon mit Paraguay. Von 1,4 Millionen Einwohnern lebten nur noch 190.000 Frauen und Kinder und 30.000 Männer. Die Vielweiberei mußte also wieder eingeführt werden, und Paraguay verlor einen Großteil seines Staatsgebietes.
Der jetzige Präsident, Alfredo Stroessner, stammt aus Bayern. Er regiert Paraguay, wie gehabt, wie einen größeren Bauernhof. Das Land befindet sich zwar in einem langsamen, aber stetigen Wirtschaftswachstumsprozess, aber Meinungsfreiheit und Gewaltenteilung sind auch für ihn unbekannte Begriffe. Vielmehr sagt er: „Die übermäßige Politisierung verzehrt zu viele Energien, die zu anderen Zwecken eingesetzt werden müssen." Stroessner regiert seit 28 Jahren. Damit kann Paraguay auf die längste und stabilste Regierung Südamerikas zurückblicken.

Pastor Ihle regelt das mit unserer festen Adresse, wegen der Überprüfung. Einen Tag nach unserem Einzug kommt ein Deutscher so zufällig vorbei, als der Pastor nicht anwesend ist. Er interessiert sich angeblich für unser Auto, fragt indes zu auffällig

unauffällig, welches unsere Absichten in Paraguay seien. Er gibt sich als Grundstücksmakler aus. Ein Hektar Urwald koste 200 Mark, mit Fluß. Die dort lebenden Indianer würden keine Probleme darstellen. Als ich ihn frage, woher er von unserem Nikaragua-Stempel wisse, sagt er, das sei Stadtgespräch.
„Das stimmt", bestätigt Pastor Ihle später. Aber „zufällig" komme keiner an der Kirche vorbei. Sie liegt am Ende einer Stichstraße.
Stadtviertel werden durchgekämmt, Gemüsemärkte abgeriegelt, Leute untersucht, Verdächtige mitgenommen...
Die Deutschen lassen sich ihre „Italienische Nacht" nicht nehmen. Sie feiern das Oktoberfest und fliegen hierzu echtes deutsches Bier ein. Wir sitzen auch vor der Halben und der Schweinshaxe und erleben in schwüler Nacht das Orchester mit dem „Münchner Hofbräuhaus" und der lauten Frage: „Warum ist es am Rhein so schön?" Es strömen 1800 Gäste in den Garten des Deutschen Clubs, in Lederhosen oder Schwarzwaldtracht, auch in Anzügen, die man bei uns bei Heimattreffen sieht, aus Schlesien, Ostpreußen und Pommern. Sie feiern, aber sie sind sauer auf Stroessner, weil er so gewalttätig die Staatsmacht einsetzt, und sie sind sich nicht mehr so sicher, ob da nicht doch manchmal Unschuldige ins Gefängnis kommen, mit den schlimmen Folgen für die Betroffenen, und — ob sie das deswegen tun, um die Rechtssicherheit wieder herzustellen — da lachen viele — oder nur, um das Volk einzuschüchtern und bei der Gelegenheit einige unliebsame Aufmüpfige loszuwerden. Aber einer sagt, sie hätten damals im Reich mehr Angst gehabt.
„Mein Haus ist leer", schimpft ein Hotelier, „weil sich niemand mehr zu reisen traut."
Wir trauen uns, nach einer Woche, mit unseren Sonderpapieren, nach Encarnación, zu Bischof Bockwinkel. Sollten wir dort nicht ankommen, würde die Deutsche Vertretung einmal in der Behörde von Cantero nachfragen.
An der Stadtausfahrt meint einer der Kontrolleure, wir dürften nur mit polizeilicher Genehmigung die Stadt verlassen. Die bekämen wir erst übermorgen, bei der Stadtverwaltung. Er will

Inges Führerschein beschlagnahmen. Nach einer Weile sagt er, gegen ein paar Dollar würde sich alles regeln lassen. Ich dachte, sie wollten Terroristen fangen...
Anstatt des Geldes bekommt er das Schriftstück des Konsuls. Damit verschaffen wir uns die Passage. Der Aufenthalt in Asunción ist Nachhilfeunterricht in Staatsbürgerkunde.

„Paraguay ist das schönste Land", sagte ein Deutscher auf dem Bierfest. „Es müßten sich nur zwei Dinge ändern: das Klima und die Regierung."
An das Klima hätten wir uns gewöhnen können.

Wenn der Pfeil kein Wild mehr trifft

Häuptling Perumí hebt abwehrend beide Hände und schüttelt den Kopf.
„Warum nicht?" fragt der Pater und beobachtet ihn aufmerksam. Der Indianer läßt sich Zeit mit seiner Antwort.
Perumí ist Guaraní vom Stamm der Mbyá, was auf deutsch etwa „Leute" bedeutet. Seine Hütte steht in einer gerodeten Lichtung in dem bergigen Streifen Land zwischen dem Rio Paraná und dem Rio Uruguay, inmitten eines undurchdringlichen Urwaldes. In der Sonne trocknet das Fell eines Pumas. Blaue Riesenfalter irren über die Lichtung. Man muß sich mit dem Wagen einen schmalen Weg aus roter Erde entlangkämpfen, über den die Vegetation schlägt. Orchideen hängen an den Bäumen.
„Sie erkennen mich nicht als Häuptling an", sagt Perumí. Er sagt es so abschließend, daß der Pater keinen Einwand mehr wagt. Er hebt bedauernd die Arme. Die Bewegung entwickelt sich zu einem Abschiedsgruß. Perumí winkt ebenfalls schwach. Wir marschieren hintereinander auf dem schmalen Urwaldpfad zu dem Feldweg zurück, wo das Auto steht.
„Nichts zu machen", murmelt er. „Man kann die beiden Gruppen nicht an einen Tisch bringen." Das Auto rumpelt durch einen grünen Tunnel. Zweige schlagen auf das Dach und auf die Windschutzscheibe. Pater Josef Marx möchte den Indianern einen Kurs geben, in dem sie etwas über Ernährung, über Hygiene und etwas über die christliche Religion erfahren sollen. Nicht, daß die Indianer sich nicht waschen würden. Die Guaraní haben schon zu Zeiten ihr tägliches Bad genommen, als Europäer nur gelegentlich Waschwasser zu Gesicht bekamen. Aber waschen allein ist ja nicht Hygiene. Und wenn sie Essen kochen, sollten sie schon wissen, was Vitamine und was Kohlehydrate sind. Die Religion...? Der Pater ist Missionar, und er geht davon aus, daß die christliche Vorstellung von Gott den Indianern helfen würde, einen neuen Sinn im Leben zu finden.
Er wird zwei Kurse in San Ignacio durchführen müssen.

Seit den Tagen der Jesuiten wäre dies der erste Unterricht für Guaraní-Indianer. Damals soll hier am Paraná ein Paradies bestanden haben. Jesuiten hatten sich über die grausame Behandlung der Indianer empört und waren nach Südamerika gezogen, um sie vor europäischen Sklavenjägern und Großgrundbesitzern zu schützen. Mit Billigung des spanischen Königs begannen sie ab dem Jahre 1608 die „Jesuitenmissionen von Paraquarien" aufzubauen.

Sie wollten die Indianer nicht nur zum Christentum bekehren, sondern sie auch auf einen Weg in die Zivilisation führen. Also errichteten sie Dörfer, die Reduktionen genannt wurden (spanisch: reducir — zurückführen), deren Oberhaupt jeweils ein geistlicher Jesuitenpater war. Da die Jesuiten die Sprache der Guaraní lernten, kamen die Indianer freiwillig in die Reduktionen und unterwarfen sich dem zwar strengen, aber gerechten Regiment der Ordensbrüder. Bei ihnen fanden sie ihre eigene Person respektiert und hatten das Gefühl, daß ihre Sprache und ihre Kultur einen Wert hätten.

Neben Landwirtschaft und Viehzucht brachten die Patres den Indianern handwerkliche Fertigkeiten bei, so daß in den Dörfern bald gehobelt, geschnitzt, gemörtelt, Ziegel gebrannt, Tuche gewebt, Glas und Eisen gegossen und Werkzeuge hergestellt wurden. Mit der Zeit bauten die „wilden" Indianer Harfen, Orgeln, sogar Barock-Kirchen, sie druckten Bücher — in Guaraní, denn diese Sprache war damals eine der wichtigsten in Südamerika —, und sie sangen achtstimmige Messen, natürlich in Lateinisch. Da jedes Dorf auch ein Orchester hatte, führten sie vor verblüfften Europäern zeitgenössische Sinfonien auf.

Auch für die Verteidigung sorgten die Jesuiten. Disziplinierte Guaraní-Truppen lehrten Sklavenjägern das Fürchten und fochten für die spanische Krone.

In den Dörfern war kein Geld im Umlauf. Grundnahrungsmittel wurden auf genossenschaftlicher Basis produziert und verteilt. Daneben bewirtschaftete jede Familie einen Garten, in dem sie Gemüse und Früchte für den Tausch anbaute.

Die Jesuitenzivilisation reichte vom La Plata über Bolivien bis an

den Amazonas. Ihr geistiges und wirtschaftliches Zentrum lag im Süden der heutigen argentinischen Provinz Misiones, nicht weit entfernt von der Hütte, in der heute Perumí wohnt.
Ihre wirtschaftliche und militärische Stärke, auch Gerüchte über verborgene Schätze, machten den spanischen König Karl III. argwöhnisch. Er ließ die Jesuiten 1767 vertreiben und setzte königliche Beamte an ihre Stelle. Diese hatten aber nicht mehr das Wohl der Gemeinschaft im Sinn, sondern nur ihren eigenen Vorteil. So sorgten dann Sklavenjäger und Großgrundbesitzer dafür, daß das Land um den Paraná menschenleer wurde. Der Urwald wuchs über Kirchen und Wohnungen, er sprengte Mauern und Skulpturen, und man vergaß Paraquarien. Wo wäre Südamerika heute, wenn man die Jesuiten hätte gewähren lassen? Nach den vermuteten Schätzen suchen Abenteurer bis heute vergeblich.
Als Argentinien die Provinz Misiones zwischen dem Paraná und dem Uruguay entwickeln wollte, förderte das Land einen Kolonisierungsprozess, bei dem auch viele Siedler aus Mitteleuropa einwanderten. Während die Deutschen, Polen und Russen den Urwald rodeten und mit dem Anbau von Mate, Mandioka und Zitrusfrüchten begannen, sickerten aus vergessenen Winkeln Paraguays andere Menschen ein: Guaraní vom Stamm der Mbyá.
Es waren die Guaraní, die sich damals der Missionierung durch die Jesuiten widersetzt hatten. Ihre christlichen Stammesgenossen nannten sie deshalb auch Cainguá, die Waldbewohner.
Wahrscheinlich wichen sie Feindseligkeiten mit anderen Stämmen aus. Sie hatten aber auch religiöse Gründe. Die Guaraní waren wieder einmal auf der Suche nach dem „Land ohne das Böse". Jetzt können wir eine weitere Einwanderungswelle nach Argentinien beobachten. In Paraguay holzen Bauholzfirmen den Urwald ab und zerstören den ursprünglichen Lebensraum der Indianer.

Und hier liegt das Problem, warum Perumí mit seiner Familie nicht an dem Kurs teilnehmen will. Perumí gehört zu den Neueinwanderern. Nachdem der große Häuptling der Guaraní, Juan Pablo Vera, auf der anderen Seite des Paraná kaum noch einen

Armenviertel in Asunción am Paraguay

Paraguayische Mutter

Urwald am Paraná

Jesuitenruinen in San Ignacio, Misiones.

Der Urwald ist über die Barockkirchen gewachsen.

Straße in Misiones, Argentinien.

Pater Josef Marx möchte das Werk der Jesuiten fortsetzen.

In den Urwäldern zwischen Paraná und Uruguay leben die Guaraní vom Stamm der Mbyá.

Carlita

Sara

Juanito

Die Guaraní sind Meister in der Flechtkunst. Vicente.

Einfluß auf die Fortgezogenen hat, möchte Perumí die Autorität sein. Dies gilt für mindestens 750 Indianer. Aber die dreitausend Alteingesessenen, die um die Jahrhundertwende mit den Siedlern ins Land gekommen sind, haben einen anderen Häuptling: Leonicio Duarte.
Wieviel es insgesamt sind, die die beiden anführen, weiß allerdings niemand genau. Es können wesentlich mehr sein, denn viele Gruppen leben in weglosen Urwäldern. Sie legen ihre Mandiokafelder versteckt an und meiden jeden Kontakt zu Weißen.
Die Feindschaft zwischen Neuen und Alten erzeugt Reibereien, bei denen auch Menschenleben auf der Strecke bleiben. Das ruft die Polizei der Weißen auf den Plan. Die Gerichtsbarkeit wird aber von den Häuptlingen beansprucht. Ihr Sühnekatalog reicht von der Prügelstrafe bis zur Todesstrafe.
So ergibt sich auch Streit zwischen Weißen und Indianern.
Das ist aber nicht der einzige Konfliktstoff. Solange die Urwälder intakt waren, hatten die Guaraní eine ausgewogene Ernährung. Sie konnten mit dem Grabstock ihre Felder bestellen und mit Pfeil und Bogen auf Jagd gehen. Jetzt aber schießen weiße Sportjäger mit Gewehren die Reviere leer. Sie halten sich nicht an die Regeln, die die Götter der Tiere aufgestellt haben, um jede Art zu erhalten. Große Waldgebiete werden Privatbesitz, freie Natur wird eingezäunt und in wirtschaftliche Ertragsfläche umgewandelt. Danach betrachten die Indianer den Weißen als den Eigentümer allen Reichtums und sich selbst als „Enteignete". Bei ihnen ist Wohlstand keine Quelle des Prestiges, Arbeit und Essen werden mehr als Möglichkeit der Begegnung verstanden, und ein Familienvater ist nicht Herr des Bodens, sondern nur Herr der Früchte. Die Indianer müssen ihr Revier wechseln, leiden unter Mangel an tierischem Eiweiß und Vitaminen, so daß die unzureichenden hygienischen Bedingungen dem jetzt geschwächten Körper zusetzen.
Dabei sind sie von Natur aus reinlich und baden sich täglich in Flüssen oder in Naturbecken, die Quellen in dem bergigen Urwald schaffen.
Und so befindet sich das Volk, das mit den Inkas kämpfte, das

den Spaniern quasi „hintenrum" den Weg ins Reich der Vier Regionen wies, in dessen Sprache das erste Buch Südamerikas gedruckt wurde, weil man sie an der Karibischen See, am Amazonas, am Ostrand der Anden und im La-Plata-Raum sprach, die heute noch in Paraguay und in Nordargentinien von Indianern und Weißen gesprochen wird — dieses Volk befindet sich auf dem Abstieg ins Elend. Ihre mythische Welt ist aus anderer Zeit und nicht imstande, das Jetzt zu erklären. Hieraus entstehen Schwierigkeiten mit den heranwachsenden Kindern, die zwar die Alten achten, aber angesichts der schwerer werdenden Lebensbedingungen in Gefahr sind, den sozialen Zusammenhalt zu verlieren.
Ihr Schöpfergott Nanderuvuzu, „unser Großer Vater", kümmert sich nicht darum. Er wohnt in der ewigen Finsternis und hält dort die Mittel zur Vernichtung der Erde zurück, solange ihm dies gefällt. Und die Tierseelen, Pflanzenseelen und Waldgeister, die der Schamane anruft, können nicht helfen, wenn die Bulldozer anrollen. Der Schamane hat nur Erfolg im Umgang mit Kräutern, solange es sie noch gibt. Zu ihm kommen auch Weiße aus dem Mittelstand, um sich heilen zu lassen.
Sonst nehmen die Weißen die Indianer nicht zur Kenntnis. Die Argentinier möchten ausschließlich europäischer Abstammung sein. Sie wissen oft gar nicht, daß in ihrem Land ein Volk den Kampf beginnen mußte, den es ohne Hilfe nicht überleben wird, auch nicht die zwanzigtausend Guaraní drüben in Paraguay.
„Wir sind das einzige weiße Land südlich von Kanada", sagen die Argentinier. Und sie halten die Indianer für ausgestorben. Die Deutschen, die Polen und die Russen, die in der Provinz Misiones in der Nähe der Guaraní leben, können sich nicht darum kümmern. Vielen von ihnen geht es so schlecht wie den Ureinwohnern.

Doch da ist der Missionar vom Steyler Missionsorden, Pater Josef Marx aus Schlesien. Eigentlich ist er wegen der weißen Siedler nach Argentinien gekommen, vor fünfzehn Jahren. Viele wohnen in abgeschiedenen Dörfern oder einsamen Höfen im

Urwald und führen ein Leben in harter Arbeit. Zur nächsten Schule sind es oft Stunden zu Fuß durch den Busch, zur nächsten Predigt nicht näher, zu der der Pater sie einmal im Monat einlädt. Alle Wege sind hier so gut wie der zum Indianerhäuptling Perumí.
Auch dieser Pater hat nicht nur das Evangelium im Sinn. Als die Unternehmer der Stärkefabriken den Siedlern schlechte Preise für Mandioka bezahlten, redete er ihnen Streik und Aufruhr aus und baute ihnen eine eigene Stärkefabrik. Ein Kunde mehr auf dem Markt brachte den Bauern Kostendeckung. Den Teebauern stellte er aus dem gleichen Grund eine Teefabrik in den Busch. Anderen Siedlern, armen Teufeln, die sonst in den Slums von Buenos Aires gelandet wären, ermöglichte er die bäuerliche Existenz. Er wies sie an, Duftgräser zu pflanzen, auf vorerst noch freiem Gebiet, und installierte mitten im Wald eine Destillieranlage, die die Duftessenzen aus den Pflanzen löst. Das gewonnene Parfüm findet bei der kosmetischen Industrie reißenden Absatz. Das Geld für solche Unternehmungen bekommt er von Freunden in Deutschland und von Misereor. Wenn es nicht reicht, borgt er sich den Rest bei Banken. Er gilt inzwischen auch in Argentinien als kreditwürdig. Wenn die Firmen selbständig arbeiten können, übergibt er sie den Siedlern, die sie als Genossenschaften weiterbetreiben. Auf diese Weise half der Pater das Leben von 5000 Familien menschenwürdiger zu gestalten, die sonst unter dem Existenzminimum dahinvegetieren würden.
Da er so den Gewinn der Großen schmälert, fehlt es nicht an Versuchen, ihn entweder als Manager abzuwerben oder ihn aus dem Land zu ekeln. Es gelang ihnen, den Pater für ein halbes Jahr nach Rom zurückrufen zu lassen, wo er sich auf seine christliche Aufgabe besinnen sollte. Als er zurückkam, hatte er neue Pläne und neue Finanzierungsmöglichkeiten in der Tasche. Er unterhält seit zehn Jahren Kontakte zu den Guaraní und bemüht sich, ihr Vertrauen zu gewinnen, indem er sie regelmäßig in ihren verstreuten Hütten besucht und mit ihnen über ihre Sorgen spricht und ab und zu einen Kranken ins Hospital bringt. Carmeliter-Schwestern helfen ihm dabei.

Der Padre möchte das Werk der Jesuiten fortsetzen. Die Tage der Jäger sind gezählt. So versucht er, ihr handwerkliches Talent zu fördern. Die Guaraní sind Meister in der Kunst, Bambus und Lianen in feines, flechtbares Material zu verwandeln und daraus Armreifen, Teller und Körbe, sogar Figuren herzustellen. Er kauft ihnen die Arbeiten zu festen Preisen ab und ermuntert sie, mehr zu produzieren. Es ist aber mühevoll, die Guaraní zu einer Art Serienfertigung zu bewegen. Sie sehen jeden Korb als einen individuellen Wert, in dem sie ihr Gefühl für Schönheit verwirklichen.
Die Erzeugnisse vertreibt er in Kunstgewerbeläden oder direkt vor seiner Pfarrei in San Ignacio. Die Indianer bringen ihm ihre Arbeiten oft aus einer Entfernung von 150 Kilometern.
Wenn er die Guaraní seßhaft machen will, muß er ihnen neben der Arbeit eine Bleibe bieten, die ihnen Sicherheit gibt. Ihre Reisighütten stehen in Wäldern, aus denen sie jederzeit vertrieben werden können. Also kauft der Pater Urwaldgrundstücke im Namen der Pfarrei. Er beschafft Baumaterial und läßt wetterfeste Blockhütten aufstellen.
„Wenn sie den Urwald um euch herum abholzen", sagt er, „diese Hütten und dieser Wald bleiben."
Da sich seine Arbeit herumspricht, besucht ihn der eine oder andere Tourist aus Europa. Manch einer bleibt und hilft eine Zeitlang mit. Wer vom Padre bei den Guaraní eingeführt wird, bekommt eine Beziehung zu ihnen, die er sonst so leicht nicht herstellen könnte. Unsere Beziehungen zu dem Pater, zu den weißen Siedlern — viele sind Deutschstämmige — und zu den Indianern werden so gut, daß wir fünf Monate in Misiones bleiben.

Der Kurs soll drei Tage dauern. Pater Josef hat hierzu Freunde gewonnen, die Guaraní sprechen. Es kommen Männer, Frauen und Kinder, 80 Indianer, die sich schüchtern im Pfarrhof herumdrücken. Aber — sie haben sich fein gemacht. Manche Mädchen haben sich das Rot des Urucu ins Gesicht gemalt und mit blauen magischen Zeichen des Nandipá verziert. Perumís Leute sind nicht dabei.

So haben sie die Weißen noch nicht kennengelernt: als freundliche Helfer. Da der Wald nicht mehr automatisch ausgewogene Nahrung hergeben wird, müssen sie lernen. Während Frauen ihre Babys stillen, erfahren sie, was Vitamine, was Proteine und Kohlehydrate sind, wie man Gemüse anbaut und wie man kocht, damit die Nahrung wertvoll bleibt. Vieles haben sie vergessen, seit sie nicht mehr die Herren des Waldes sind. Und da wir Kurshelfer Deutsche sind, lernen sie, wie man deutsches Brot backt.
Um alles ein wenig aufzulockern, muß ich immer wieder einmal einen Tonfilm zeigen. Sie sehen zum ersten Mal in ihrem Leben Kino. Wenn wir einen Kurs für weiße Siedler geben, ist das nicht anders. Ihre Reaktionen sind die aller Menschen, sie lachen Tränen mit Charly Chaplins Turbulenzen und kämpfen mit den Helden in wilden Schießereien mit bösen Piraten.
Und am Abend stupfen mich die Halbwüchsigen, ob sie den Streifen noch einmal sehen könnten, den mit den Piraten und den wilden Schießereien...
Sie hören von anderen Indianern aus dem Chaco, wie sie Wurzeln zu Fasern verarbeiten, sie zu Garn spinnen und daraus bunte Taschen knüpfen. Sie sehen Lichtbilder von den Leuten. Da tauen sie auf. Die „Wilden" diskutieren, wie man aus ihrer Flechtkunst einen Lichtbildervortrag zusammenstellen kann, wie man den nomadisierenden Gruppen, die jeder Berührung mit Weißen ausweichen, helfen könnte.
Sie gucken ein paar Griffe auf der Gitarre ab, nehmen das Instrument und spielen, als wäre es das natürlichste der Welt, spielen und singen im Samba-Rhythmus und lachen in ausgelassener Fröhlichkeit. Die Wertschätzung, die ihnen hier entgegengebracht wird, stärkt ihr Selbstvertrauen.

Während dieses ersten Kurses ist Vicente der Sambakönig. Später wird Perumís Sohn der beste Gitarrenspieler im Urwald sein. Und Pablito geht lachend und händeklatschend von einem zum andern. „Lindo, lindo", ruft er immer. Pablito ist behende, obwohl er schon an die fünfzig ist. Für ihn sind Samba und Chamamé schönster Ausdruck weltlicher Freude. Warum sollen

Guaraní immer nur vom Jenseits träumen? Pablito und Vicente wohnen an der Straße, die von Roca durch den Urwald nach Campo Viera führt.
Man muß das Auto an der Straße stehen lassen und folgt dann einem schmalen Pfad, über einen Bach, da stehen die Hütten von Vicente und Cevero, einem Künstler im Flechten von Körben und Figuren; und dann den Pfad weiter, über zwei Bäche, da steht die Hütte von Pablito. Dieses Waldstück gehört bereits den Indianern, und Pablito und Cevero haben schon feste Blockhütten. Vicente lebt noch in einer selbstgebauten Hütte aus Reisig und geflochtenen Pindoblättern, weil er noch keine Familie hat und auch noch nicht allzu seßhaft ist.
Wir sind oft hier und gucken mit Pablito ins Feuer. Vicente leiht sich dann die Gitarre und spielt seiner Freundin irgendwo im Wald Lieder vor. Pablito sagt nach einigen Monaten zu mir: „Du bist mein Freund." Wir streifen gemeinsam durch den Wald. Er zeigt mir, welches Holz gut für einen Bogen und welches gut für Pfeile ist, welche Blätter einen guten Tee zum Träumen geben und welche Kräuter Schmerzen lindern. Der Dschungel ist nicht einfach Wald, er könnte Lieferant von allem sein, was der Mensch braucht, sei es Nahrung, Klebstoff oder Farbe, auch von Mixturen, mit deren Hilfe man Gott nahe sein kann.
Pablito ist zum zweiten Mal verheiratet. Seine drei Kinder rutschen mir über den Schoß, Marta, Teresa und Mirta. Ich liebe den Geruch nach Rauch in ihrem Haar. Seine Frau schneidet Bambus zu feinen Plättchen auf. Im Hintergrund steht Sara. Dunkle Augen, unter wirrem, schwarzem Haar, die aus einem sanften Gesicht sprechen. Sie kann lachen wie eine gurrende Taube. Dann verschwindet der seltsam schmerzliche Zug um ihren Mund, und weiße Zähne blitzen in dem braunen Gesicht. An ihren Brüsten spielt ein Baby. Sie ist achtzehn. Ihr Mann hat sie verlassen, bevor das Baby auf die Welt kam, nach São Paulo in Brasilien soll er gegangen sein, wo ein Indianer mehr Zukunft haben würde. Ein anderer hätte sie vielleicht nicht verlassen, denn Sara ist so schön wie die zärtlichen Liebeslieder der Guaraní; jeder Weiße würde die Suche nach Gold aufgeben, wenn er

sie sähe, und lieber mit ihr im Wald verhungern, als nach São Paulo zu gehen. An ihren schmalen Fesseln trägt sie dünne, aus Frauenhaar geflochtene Schnüre.
Pablito gießt heißes Wasser in eine halbierte Kürbisschale, in der sich ein grünbrauner Blätterbrei befindet. Er zieht durch ein Silberröhrchen den Saft in sich hinein.
„Wo werdet ihr jetzt das Land ohne das Böse suchen?"
Pablito kippt heißes Wasser nach und reicht mir die Schale. Ich ziehe an dem Silberröhrchen. Es schmeckt bitter, aber es breitet sich auf anregende Art im Körper aus. Auch die Weißen trinken Mate.
„Überall, wohin die Guaraní gekommen sind, gab es schon Menschen, die das Böse kannten." Pablito stochert in der Glut. Sie haben damals mit den Spaniern einen Vertrag geschlossen, daß das Feld den Spaniern, der Wald aber den Guaraní gehören sollte. Dann haben sie gemeinsam mit den Spaniern die reichen Städte der Inkas geplündert. Als es keine Inkas mehr gab, hielten sich die Spanier nicht mehr an den Vertrag. Und es gab immer weniger Raum, um das Land ohne das Böse zu suchen.
„Wahrscheinlich ist es das Land, in das sich Nanderuvuzu zurückgezogen hat, nachdem er uns das notwendige Wissen zum Überleben beibrachte. Wir müssen es finden, auch du, denn es ist die einzige Zuflucht des Menschen beim Untergang der Welt."
Vicente kommt mit der Gitarre, hinter ihm ein Mädchen, Santa, kaum sechzehn Jahre alt. Ihre Lippen sind geküßt worden. Man sieht es an ihren geröteten Wangen. Und vom Urwaldpfad dringt Kinderlärm. Cevero hat sieben Kinder. Die Älteste ist nicht mehr ganz unbefangen, wenn sie einen anschaut. Ob sie Anaí heiße?
„Nein, Carlita."
„Aber das ist doch kein Guaraní-Name."
„Nein."
„Du hast doch einen Guaraní-Namen?"
„Ja."
„Und wie heißt der?"

„Den darfst du nicht erfahren. Ich habe ihn von den Göttern bekommen."
Viele Lieder Südamerikas singen von der Schönheit der Guaraní-Frauen. Es sind sehnsüchtige Melodien, die man mit Harfe und Gitarre begleitet. Und da kann man ihren Namen erfahren. Die Harfe soll ein Jesuitenpater aus Tirol hier eingeführt haben, als das Land noch Paraquarien hieß. Ob die Guaraní das Perlen der einschmeichelnden Liebeslieder von ihm gelernt haben? Die Mestizen in Paraguay und die weißen Siedler in Misiones singen die gleichen Lieder. Bei vielen von ihnen ist Guaraní noch Umgangssprache.
Vicente singt und Sara schaut mit hungrigen Augen in die Flammen. Wenn sie wüßte, welche Zukunft ein Indianer in São Paulo hat, würde sie weinen. Es gibt kaum Bäume dort, nur Häuser, so weit das Auge reicht. Und was soll da ein Jäger essen?
Die Wolken werden violett. Es wird dunkel. Ein kupferner Mond steht über der Lichtung. Die Stimmen des Urwaldes werden lauter. Vereinzelte Leuchtkäfer irren über das Schwarz der Gewächsmauern. Vicente fragt mich, ob ich Santa und ihn mitnehmen könnte, vierzig Kilometer, Richtung San Ignacio. Demian, sein Vater, wohnt dort im Wald. Er kennt Santa noch nicht. Zu Fuß müßten sie einen Tag lang marschieren.

Vielleicht hat Pater Josef Marx eine Chance, vielleicht haben die Guaraní eine Chance, als eigene Art zu überleben, auch wenn der Pfeil kein Wild mehr trifft.

Im Palast der Morgenröte wird kein Paradies geplant

Wo die Grenzen von Brasilien, Paraguay und Argentinien zusammenfallen, ist die Erde rostrot. Und die Ströme haben keine blaue Farbe, sie sind ebenfalls rot, manchmal ocker, wenn die Sonne mittags die Wasser aufsaugt, oder gelbweiß, wenn sie über Felsen schäumen. Der Urwald, der in dieser roten Erde wuchert, ist flaschengrün, von weitem. Wenn man sich durch den Bambus zwängt, wirbeln Wolken hoch – in Zitrone, in Aubergine, in Azur... Die Falter haben keine Furcht. Sie setzen sich auf die Fingerspitzen und erlauben, ihre zittrigen Flügel ganz nah an die Augen zu führen, damit wir ihre feinen Zeichnungen bewundern können.
Was im Laub raschelt, ist ein drachenartiges Urtier, ein Leguan, der erschreckt das Weite sucht. Schlangen schleichen sich lautlos davon. Man sieht sie nicht, und es ist besser, man läßt den Tieren Zeit zur Flucht.
Aus den Kronen lärmt es zwitschernd und pfeifend und krächzend. Nicht jeder hatte die Nachtigall zur Lehrerin. Aber prächtige Federkleider haben sie alle, vornehm in Blau, frech in Gelb, schreiend in Rot oder lustig in Regenbogen. Manche Tiere geben Geräusche von sich, als hätten sie einen alten Röhrenempfänger verschluckt und würden sich mit Computern von anderen Planeten unterhalten. Don Roberto sagt, das seien Vögel. Aber dafür hat Antonio nur ein verächtliches Lächeln übrig. Für ihn sind es Frösche. Vielleicht wissen es die Guaraní-Indianer. Normalerweise behalten sie die Geheimnisse des Urwaldes für sich. Aber Perumí hat mir erzählt, es wären Schmetterlinge.
Nachmittags, wenn es am heißesten ist, nicht selten über fünfunddreißig Grad, verdunkelt sich der Himmel, und es wird schwül und unheimlich still. Die sterbenden Sonnenstrahlen beleuchten eine in schauriges Graublau getauchte Welt. Böen brechen in den Wald. Wenn dann der Himmel explodiert, glaubst du, jetzt sei der Augenblick der Vernichtung gekommen, und es gießt und gießt, als wolle Nanderuvuzu alles Leben ertränken.

Doch danach erwacht der Tag mit einem zweiten Morgen. Die Sonne trocknet den aufsteigenden Dampf, und das faserige, farnige und ledrige Grün hat neue Frische. Und da und dort, in Astverzweigungen, sind Orchideen aufgeblüht.
Das Regenwasser sammelt sich in mächtigen Strömen. Als ich Don Roberto vom größten deutschen Strom erzähle, dem Rhein, mit seinen Städten, seinen Brücken, links und rechts Eisenbahn und Autobahn und Weinberge und Schlösser, will er wissen, wie breit, wie tief, wie lang...
Dann schüttelt er enttäuscht den Kopf. „Solch ein Bach fließt auch hinter meinem Matefeld." Der Iguazú ist siebzig Meter tief, der Paraná gar hundertzwanzig, und bei Posadas ist er eineinhalb Kilometer breit, und da ist der Paraguay noch nicht dazugeflossen.
Früher, noch bevor Don Roberto hierhergekommen ist und ein Stück Urwald abgebrannt hat... Perumí weiß auch nicht so genau, wann es gewesen ist. Er meint, es sei vor der Zeit des weißen Mannes gewesen. „Yma..." Die Indianer hätten noch die Sprache der Tiere verstanden. Zu dieser Zeit also verliebte sich der Schlangengott Mboy in die Häuptlingstocher Naipí. Der Häuptling hatte nichts dagegen, einen Gott in die Verwandtschaft zu bekommen. Er bereitete die Hochzeit vor. Naipí aber wollte lieber einen Menschen lieben und floh in der Hochzeitsnacht mit dem jungen Krieger Tarobá, in einem Kanu, den Iguazú stromab. Als der Schlangengott dies merkte, wurde er wütend und schlug so gewaltig in den Fluß, daß er Ufer und Berge zerschmetterte und die ganze Erde abbrach. Tarobá wurde in einen Baum verwandelt, Naipí in einen Felsen, auf der anderen Seite des Wassers. Mboy legte sich lachend ins Flußbett, um zu sehen, was er angerichtet hatte, und sich daran zu weiden, daß Naipí ihren Geliebten nie mehr berühren konnte.
Der Iguazú schiebt seitdem seine roten Wassermassen an den Bruchrand, verteilt noch einige Flüsse, läßt Inseln übrig, und stürzt dann tosend mit einem Teil in die nur hundert Meter breite Teufelsschlucht. Die anderen Wasser schießen links und rechts über die Schlucht hinaus und kippen auf insgesamt vier

Kilometern in zwei Stufen in einen Canyon, dreiundsiebzig Meter tief.
Man wandert durch ein geheimnisvolles Land. Hier springt ein Bach durch Baumwurzeln, dort hat sich ein See gebildet, auf halber Höhe, im Fels hat ein Fluß einen Kamin gegraben, und dann, eine riesige Wasserwand, eine von vielen, mit einem Regenbogen. Dumpfes Donnern erfüllt die Luft. Der Name Iguazú kommt aus dem Guaraní und bedeutet „Großes Wasser". Der Urwald möchte über den Bruch hinauswachsen, ist kaum durch Felsen aufzuhalten, schiebt sich mit Stämmen und Lianen in die brodelnde Gischt. Hier hat Gott sich die Idee geholt. So muß das Paradies ausgesehen haben.
Don Roberto hat nichts dagegen, wenn man hier den Urwald nicht abbrennen darf. Es wäre ohnehin schwierig, an dieser Stelle Orangen oder Mate anzubauen. Die Wasser wissen manchmal nicht, wohin sie wollen.
„Und außerdem", sagt er, „sind es die schönsten Wasserfälle der Welt. Das hat sogar die Königin Victoria gesagt, als sie mal hier war." Er verstummt und blickt spähend um sich. Vielleicht ist es besser, man spräche in dieser Zeit in Argentinien nicht allzuoft von englischen Königinnen.

Wie die Landschaft aussieht, wenn der Wald nicht mehr ist, sieht man auf der Fahrt in Richtung São Paulo, eigentlich schon gleich hinter der brasilianischen Grenze: so weit das Auge reicht, ist die bergige „terra roxa", die rote Erde, mit Sträuchern in Reih und Glied bepflanzt. Seit Anfang des neunzehnten Jahrhunderts möchte jeder Europäer zum Frühstück ein schwarzes Gebräu aus den Samen dieses Strauches haben: Kaffee. Der Strauch stammt ursprünglich aus Java. Er hat Millionen Europäern die Müdigkeit vertrieben und einige Brasilianer reich gemacht. Mit einem Drittel der Weltproduktion ist Brasilien der größte Kaffeeproduzent der Erde. Der Exportanteil von Kaffee beträgt aber nur noch 20 Prozent. Das hat die rote Erde aber nicht geschützt.
Sollte noch irgendwo ein Stück Wald übriggeblieben sein, wird

auch das abgeholzt. Die Brasilianer brauchen Land für eine andere Bohne, die Sojabohne. Dieser Proteinlieferant soll helfen, 120 Millionen Brasilianer zu ernähren und den Hunger in der Dritten Welt zu stillen. Die riesigen Felder sind makellos, ohne jegliches Unkraut. Erst knallt der Tropenregen drauf, dann die Sonne. Wie hält die rote Erde das nur aus?

Weiter nach Norden, eintausend, zweitausend Kilometer, überzieht eine Savannenvegetation das Land, das allmählich zu einer Buschlandschaft wird. Die Luft ist kühler und trockener.
1956 übergab Präsident Juscelino Kubischek de Oliveira dem brasilianischen Kongreß den Gesetzentwurf, hier, etwa in der Mitte der Linie von Belem nach Porto Alegre, die neue Hauptstadt Brasilia zu bauen zum Zeichen, daß die Brasilianer nun ihr Hinterland erobern wollen.
Die neue Hauptstadt sollte zukunftsweisend für die Welt sein. Der Architekt Oscar Niemeyer wollte die „unbegrenzte, plastische Freiheit" verwirklichen, eine Architektur, „die sich nicht knechtisch den technischen und funktionellen Rücksichten unterwirft". Die Stadt der Zukunft sollte nicht die Fehler der gewachsenen Städte haben. Organisatoren und Architekten wollten eine vollkommene Zivilisation schaffen. 1960 konnte die Stadt ihrer Bestimmung übergeben werden.
Wenn man aus Goiâna kommt, fährt man auf einer verkehrsarmen Autobahn heran und um die Stadt herum. Zunächst stößt man auf die Hütten aus Pappe und Wellblech, die wohl nicht geplant waren. Dann verpaßt man die Einfahrt in das Zentrum, weil das Hinweisschild fehlt.
Doch dank der autogerechten Planung bedeutet dies keine größere Schwierigkeit. Wir rollen Minuten später die Eixo Monumental hinunter, an den künstlichen See. Die Stadt breitet sich vor dem Auge aus, im Halbkreis, wie Sitze in einem Theater. Alles ist übersichtlich geordnet, das Hotelviertel, das Einkaufsviertel, der Busbahnhof, das Regierungsviertel, die Ministerien, das Botschafterviertel, das Industrieviertel... Man kennt sich auf Anhieb aus.

Und da stehen dann die Prunkstücke der Zukunftsweiser, der Palast der Bögen, der Palast der Morgenröte, das Nationaltheater, der Kongreß, aztekische Pyramiden, fliegende Untertassen, halbiert, verglaster Kubus, schwebend, emporschwingende Betonsäulen, künstliche Seen, Wasserspiele, Glas, Stahl und Beton, alles ästhetisch und weit auseinandergezogen.
Ob die Minister und Beamten in den Betonkästen bürgernahe Gesetze vorbereiten? Können die Diplomaten hier den völkerverbindenden Kompromiß finden? Wird der Präsident bei seinem Blick aus dem Palast begeisternde Ideen haben? Versuchen wir, in der Kathedrale zu uns zu finden. Der Eingang ist unterirdisch und schwarz. Es ist die Meditationszone. Dann betritt man eine Kuppel, die von gespreizten Pfeilern getragen wird. Das Wasser um den Rundbau und das Glas erzeugen irrende Lichter. Über uns schweben drei gewaltige Engel, schweben drohend, denn sie hängen an Stahlseilen, und ich mißtraue dem Statiker, ob er deren richtige Stärke berechnet hat. Der Verkehrslärm, in der Weite der Straßen draußen kaum hörbar, dringt durch den unterirdischen Gang und durch das Glas und erzeugt eine unangenehme, knisternde Atmosphäre. Ein Ort der Meditation? Der Kaufhauskomplex ist gemütlicher. Hier sind Farben, Preisschilder, Nylonblusen, Coca Cola und Agfacolor, Mädchen auf Illustriertenseiten und Ketchup auf dem Boden, das Restaurant im ersten und die Kneipen im dritten Stock. Der Lärm wird mit Musik aus dem Schallplattengeschäft verstärkt.
Wer durch Brasilia gelaufen ist, wird Werberummel anheimelnd finden, wird dem Bettler hundert Cruzeiros schenken, wird sich danach sehnen, angerempelt zu werden. Oder — wer ein Kaufhaus als gemütlich empfindet, muß aus Brasilia kommen. Amerika! Brasilia gab es noch nicht, als Gott sich die Idee zum Paradies holte.
Hoffentlich finden die Menschen nicht zuviel Zukunftsweisendes in dieser Stadt. Aus dem Palast der Morgenröte werden Pläne bekannt, die Paradiesisches eher zubetonieren als fördern. Bei der Gier nach Energie stoßen sie vielleicht auf die Wasserfälle von Iguazú.

Rio — ist sie die Schönste?

Einer von ihnen ist ein blonder Recke mit rotem Bart. Ich würd's ihm glauben, wenn er behaupten würde, er sei aus Bensersil in Ostfriesland. Aber er spricht portugiesisch — mit Pfeffer gewürzt. Der zweite hätte ein vornehmes Mailändergesicht, wenn er rasiert wäre. Der dritte muß Orpheus negro sein, Kraushaare, schwarze Haut, aufgeworfene Lippen. Aber er spielt nicht die Sambagitarre, damit die Sonne über dem Meer erwacht, sondern Karten, um sich ein Glas Bier zu verdienen. Sie hocken zu dritt um einen der Sandsteintische, wie sie auf der Praça von Comprido stehen, und sie schlagen verbissen die Karten auf den Tisch.
Der Recke notiert die Punkte mit einem Stummel auf dem Fetzen einer Kaufhaustüte. Vielleicht ist er der einzige, der schreiben kann. Ob man ihm da trauen darf?
Er wird wohl kontrolliert, von denen die drumherumstehen und bewegt das Spiel verfolgen, braune Männer mit leuchtend weißem T-Shirt oder knallig gelbem Seidenhemd — natürlich Kunstseide — oder auch mit nackter, muskulöser Brust. Und man weiß nie, ob nicht doch einer von ihnen die Schule von innen gesehen hat.
Über der Praça gehen die Lichter an. Der eben noch türkisfarbene Himmel wird dunkel, und die fröhlichen, bunten Häuser — manche haben so einen Schuß Rokoko — weichen in den Schatten zurück. Auch die Lampen unter dem Brunnen leuchten und geben dem Wasser die Farbe von sprudelndem Gold. Das Licht scheint durch das weiße Kleid des Schokoladenmädchens, das sich Trinkwasser in einen Plastikbecher füllt. Hier schlägt niemand die Augen nieder.
Neben den Kartenspielern hat sich eine junge Frau dramatisch schluchzend vor einem Mann auf die Knie geworfen. Er, ganz brasilianischer Macho, sitzt mit ausgestreckten Beinen auf der Bank und lächelt lässig. Doch dieses Bild kann trügen. Vielleicht ist er vorhin noch von ihr verprügelt worden. Nicht weit davon

sitzt eine stolze afrikanische Königin mit übereinandergeschlagenen Beinen vor einem französischen Künstler mit wirren Haaren, der unter ihren sich majestätisch bewegenden Lippen zusammensinkt. Täuschen wir uns nicht. Er wird ihr nachher das Kleid zerreißen, das einzige, das sie hat, und dann wird sie keine Königin mehr sein wollen.
Dazwischen ballspielende Kinder, zerlumpte Männer mit Krückstock, Mutties mit ihren Babys auf dem Arm; eine Sambagruppe geht vorüber, irgendwo in der Rua da Estrella soll etwas los sein, und die Mädchen und die Jungen und die jungen Frauen und die jungen Männer perlen wie Sekt in einem Glas durch das Licht der Praça. Nicht jeden Tag ist Karneval, aber jeder Tag hat ein paar Abendstunden, an denen man unter knappem Shirt die Muskeln spielen lassen kann, ein wenig tänzeln wie Pelé, ein wenig singen wie Roberto. Und ist der cremefarbene Charmeuse nicht zu durchsichtig und der Ausschnitt nicht zu gewagt? Moralisch entrüstet sind die älteren Damen nicht.
„Viel zu prüde, diese jungen Dinger heute", winkt Senhora Maria verächtlich ab. „Sie hätten mal sehen sollen, wie ich meine Brust gezeigt habe, als ich so jung war."

Riskier einen Blick. Wenn die Glutaugen ihn dankbar erwidern, ist sie nicht mehr frei. Wenn dieser Hauch von cremefarbenem Charmeuse aber den Schritt verlangsamt und die Glutaugen auf dir haften bleiben, lange genug, daß du Bescheid weißt...
...daß du in Rio bist, wo es einem Mitteleuropäer leicht gemacht wird, das durch Emanzipationskämpfe angeschlagene Selbstbewußtsein wieder aufzurichten.
Macho germânico!
Sie sucht einen Mann zum Heiraten und würde lieber einen Einheimischen nehmen. Aber die Zeiten sind schlecht, und sie würde den Einheimischen auch nehmen, wenn er sie nicht heiraten will. Sie könnte es verstehen, dieser Ärger mit den Behörden und den Papieren. Wer hat schon Papiere? Wenn er nur etwas zum Essen verdiente. Aber Einheimische, die etwas verdienen, sind nicht leicht zu bekommen. Wer keinen Job hat, muß mit

dem Revolver im Schatten der Avenida Pasteur stehen. Selbst solch einen würd' sie nehmen, obwohl man bei ihm nicht regelmäßig zu essen bekommt und diese Männer, bedingt durch ihren Beruf, sehr unzuverlässig sind.
Sie heißt Inês und wohnt in den Favelas am Morro de Santos Rodrigues, nicht weit weg von der Praça von Comprido. Auf dem Stadtplan ist nur der Berg eingetragen. Diese Wohnungen hier existieren amtlich nicht. Trotzdem haben sie Strom und viele auch Wasser. Es sind bereits „bessere" Elendshütten, deren Holz- und Kanisterwände durch Blumenranken verziert sind, neben denen Bananenstauden wachsen, bei denen eine Wand auch schon mal aus Ziegelsteinen sein kann. Die Leute am Morro de Santos Rodrigues betrachten sich als bürgerlich, denn viele von ihnen haben eine Stelle als Arbeiter, bei der sie 190 Mark im Monat verdienen. Damit sind sie in die besitzende Klasse gekommen, mit einem Fernseher, einem Kühlschrank und einem Transistorradio. Aber eine kleine Wohnung mit einer richtigen Badewanne, zum Beispiel in der Rua da Estrella, können sie sich nicht leisten. Sie kostet allein fünfhundert Mark. Da müßten schon mehrere in der Familie eine feste Stelle haben oder mehrere Familien müßten zusammenziehen. Und das wäre dann doch zu eng.
Man lebt so schon auf engem Raum am Morro de Santos Rodrigues. Junge Paare müssen auf die Praça gehen, wenn sie einen Streit alleine ausleben wollen, ohne Großvater und Großmutter, Papa und Mama, Tante und Onkel und die sechzehn Kleinen. Den Älteren ist es egal. Die keifen, wie es gerade kommt. Oft weiß man nicht, ob der Streit bei irgend einem Nachbarn oder im eigenen Hause ist. Man ist am Familienleben der anderen beteiligt.
Ob man da noch Kinder machen kann? Nun – das geht schon irgendwie. Jedenfalls glauben hier auch die Säuglinge nicht mehr an den Klapperstorch. Die Wände sind dünn und durchsichtig, was vielleicht den Klatsch fördert. Aber das ist zu ertragen. Schlimmer ist es, wenn sie trinken und dann auf andere Art schamlos werden.

Sie leben am Morro de Santos Rodrigues besser als die Marginais, jene, die am Rande sind, die auf Hinterhöfen im Schatten verglaster Hochhäuser oder in halbverfallenen Gebäuden im Zentrum hausen.
Und den Marginais geht es in der Stadt immer noch besser als auf dem Land im vertrockneten Nordosten, wo die meisten herkommen. Denn in der Stadt haben sie die Chance, einen festen Job zu ergattern. Und wenn sie das nicht schaffen, können sie irgend jemandem Wäsche waschen, auf dem Markt gelegentlich Kisten schleppen oder gestohlene Autoscheinwerfer verkaufen. Erlaubt oder nicht erlaubt, eines Tages siedeln sie auf einem der Hügel. Die Hütten entstehen über Nacht, sind am nächsten Morgen einfach da. Irgendwann bekommen sie Strom, Wasser, eine Busverbindung und zwangsweise Massenimpfungen.
Und darüber, auf dem Corcovado, steht Jesus, 740 Meter hoch, über Marmor, Lichterglanz und den Millionen in den Favelas, die sich um ihn herum in den Urwald fressen, steht mit ratlos ausgebreiteten Armen da: „Mein Gott, ich kann es auch nicht ändern."
Wenn Inês keinen Einheimischen findet, nimmt sie auch einen Ausländer — wenn er ihr zusagt, natürlich. Sie kann stricken, kochen, sie kann fast alle Buchstaben lesen und Samba tanzen. Sie kann Lieder singen, mit ergreifenden Texten. Gute Texte sind wichtig in Rio. Eine nicht so geübte Stimme wird hier verziehen, nicht aber ein schlechtes Lied. Inês möchte nicht mehr bei ihrer Familie am Morro de Santos Rodrigues bleiben. Wenn sie in Comprido keinen Mann findet, will sie es an der Copacabana versuchen. Dort gibt es reiche Ausländer.

Der Lärm ist nicht der Feierabendverkehr. Der ist hier immer so. Es soll eine Abgasvorschrift geben und eine Bestimmung, daß man den Auspuff nicht abmontieren darf. Aber — was soll man machen, wenn der Auspuff verrostet oder gestohlen ist? Und man kann doch nicht jeden Tag den Vergaser kontrollieren. So braust der Verkehr um die Praça. Damit man schneller den Strand von Leblon erreicht — er soll noch nicht so verschmutzt

sein —, hat der Engenheiro Freissinet eine Bresche in die Kolonialhäuser geschlagen. So donnert der Verkehr auch über die Praça, vierspurig und kreuzungsfrei.
Manchmal wach' ich in der Nacht auf. So zwischen drei und vier. Es ist dann ungewohnt still und ein kühler Zug vom Meer vertreibt den Smog aus den Straßen. Rio erholt sich.
Sie können die Stadt gar nicht verschandeln, auch wenn sie die letzten Kolonialhäuser abreißen und viereckige Kästen in die Höhe ziehen, kreuz und quer gewaltige Betonwege bauen, Rio ist nicht nur Stadt, Rio ist Landschaft. Felskegel, die hier und da auftauchen, zwischen Betonsilos, bergiger Urwald, der bis in die Stadt reicht, mosaikgetupferte Favelahügel, Buchten und Lagunen, mit stillem Wasser oder schäumender Brandung, und Rio liegt dazwischen, drumherum, in einer feuchten, tropischen Luft, inmitten paradiesischer Vegetation.
Nur ein paar Kilometer nach Westen, da sind die Strände perlweiß und das Wasser ist glasklar, da reicht der Wald mit tropischem Geschlinge bis an das Türkis der Lagunen, nackte Felsfinger heben sich aus wucherndem Grün, und der Passat fegt den Schaum von den blitzblauen Wellen, die gegen Felsen branden oder den Strand heraufdonnern, und da wohnt Pedro mit seinem Weib und einem Stall voll Kindern in einer Wellblechhütte am Hang, und er hat eine Aussicht, um die sich in Europa Millionäre schlagen würden. Da kannst du das Auto hinstellen und die Hängematte aufspannen. Wenn der warme Wind dich schaukelt, wirst du hier so schnell nicht wieder wegwollen, aus diesem Land und aus dieser Stadt, von diesen Menschen...
Rio, das sind die Braunen, die Weißen, die Schwarzen, ein Gemisch von europäischen, afrikanischen und indianischen Völkern, denen ein Lied mehr bedeutet als Hab und Gut und die mit einem Fußball glücklich zu machen sind. Und wenn sie nicht zu den Großen gehören, die im Stadion von Maracanã um Weltruhm kämpfen, dann kicken sie mit der gleichen Begeisterung am Fuß des Morro de Santos Rodrigues oder am Flamenco Strand. Und wenn sie keine Gitarre besitzen, dann schlagen sie den Sambarhythmus mit Löffeln auf Gläser, mit Händen auf die

Tischplatte, drei Mann sind ein Orchester. Denn Rio, das ist Musik. Samba aus dem Schallplattengeschäft, Samba aus der Churrasqueria an der Ecke, Trompetengeschmetter gegen Lastwagengrollen, Bongos gegen Preßlufthämmer. Rio ist ein großes Orchester.

Muß es dann die Schönste sein?
Solltest du nach Rio kommen und Inês nicht mehr auf der Praça von Comprido treffen, guck doch mal an der Copacabana nach ihr. Und denk dann nicht gleich an Prostitution. Inês sucht eigentlich einen Mann zum Heiraten.

Nicht nur Tango in der Pampa

Eine drückende Hitze lastet auf der Ebene. Wolken türmen sich gewaltig übereinander und geben ihr eine berauschende Weite. Schüttere Wälder, lichte Baumgruppen an Tümpeln und kleinen Seen, dazwischen ausgedehnte Weiden mit Rinderherden und Feldern mit Weizen oder Mais. Die Pampa hat kaum Gefälle, ihre Flüsse sind träge und enden meist in einem Sumpf oder einem See, der still vor sich hinbrütet. Nur der Paraná findet seinen Weg in den La-Plata-Trichter. Hier drückt so viel Wasser nach, daß der Strom sich unaufhaltsam nach Süden schiebt, mit vielen Armen und Inseln und Sümpfen, manchmal über vierzig Kilometer breit.
Kleine Punkte erscheinen am Horizont. Es sind Häuser, Silos und Fabriken. Sie wachsen uns entgegen und schrumpfen hinter uns wieder zusammen. Auch den Militärposten sehen wir lange, bevor wir anhalten müssen. Die plötzlich stillstehende Luft läßt uns den Schweiß ausbrechen. Durch die offenen Wagenfenster stürzen sich schwarze Riesenschnaken und sägen ihre Saugwerkzeuge in die glühende Haut.
Die Soldaten beobachten belustigt unsere klatschenden Handbewegungen. Tun ihnen die Biester nichts? Weiter hinten, auf der Weide, steht eine Reitergruppe. Es sind Gauchos in traditionellen Pluderhosen und breiten, silberbeschlagenen Gürteln. Ihre Augen verfolgen uns aufmerksam aus dem Schatten ihrer Hüte. Hier kommen nicht viele Autos vorbei.

Militärkontrollen stehen in Argentinien an Stadteinfahrten und Stadtausfahrten, an den Grenzen der Provinzen und auch dazwischen. Man kann daher überall gut schlafen, denn bei so viel Ordnungsmacht wird sich keine bewaffnete Kriminalität entwickeln. Aber manchmal will der Kapitän seinen Leuten zeigen, wie man eine Pistole in einem Auto sucht. Oder er hat schlechte Laune, die er abreagieren muß.
Eine deutsche Fahne, ein deutscher Paß und die Bemerkung,

wie schön Argentinien sei — was nicht gelogen ist —, helfen da sehr viel. Wenn der Kapitän nicht weiß, daß unsere Bundesregierung immer wieder in Buenos Aires wegen Verletzung der Menschenrechte protestiert, passiert man ohne längeren Aufenthalt. Wenn man Journalist, Rechtsanwalt oder gar Chilene ist, wird man leicht verdächtigt, ein subversives Element zu sein, und stundenlang von dem Posten festgehalten. Wir kennen eine deutsche Lehrerfamilie, die mit einem chilenischen Auto in Argentinien Urlaub machen wollte. Sie kehrte urlaubsreif zurück. Zu viele Kontrolleure fanden etwas Verdächtiges und machten sich an die Arbeit.

Manchmal gehören auch Zivilisten mit nichtssagenden Gesichtern dazu, die einen in harmlose Gespräche verwickeln. Das ist für Leute, die es gewohnt sind zu sagen, was sie denken, nicht ganz ungefährlich. Deswegen haben sich zwei deutsche Mädchen von ihrem Polizeipräsidenten in Spanisch bestätigen lassen, daß sie keiner linksextremistischen Gruppe angehören. Solch eine Bescheinigung hätte dem Lehrer vielleicht zu ruhigeren Ferien verholfen.

Mein Beruf — ich sage immer „Economista" — ist offenbar nicht suspekt. Wo wir herkommen, scheint sie zu befriedigen. Sie fragen aber auch, wo wir hinwollen. Da nehmen die Soldaten Haltung an: „Zum Kommandanten der Luftbasis von Reconquista." Die Gauchos wenden ihre Pferde und reiten grußlos davon.

Der Tourist in Argentinien, so scheint mir, fährt nicht von Sehenswürdigkeit zu Sehenswürdigkeit, sondern von Familie zu Familie. Gastfreundschaft ist argentinisch. Wenn man erst einmal auf eine Estancia eingeladen wird, ist da gerade der Onkel zu Besuch, der wohnt tausend Kilometer südlich, und die Schwester, die wohnt tausend Kilometer nördlich. Wenn sie einem einen Zettel mitgeben mit dem Namen des Vetters, und man traut sich nicht hin, weil man ihn ja nicht kennt, paßt er einen auf der Asphaltstraße ab. Er hat inzwischen einen Brief bekommen. Und wenn man dann doch einmal am Rande eines

Dorfes alleine steht, kommt der Bürgermeister mit dem Truck angefahren. „Sie sind Tourist aus Deutschland? Bitte kommen Sie in mein Haus." Er meint es aufrichtig, auch wenn er nicht vom Volk gewählt wird, sondern von der Militärregierung eingesetzt wurde.
Ein Besuch ist hier immer willkommen. Das Land ist 2,8 Millionen Quadratkilometer groß und hat nur 26 Millionen Einwohner. Ohne Umschweife wird einem das Bad und das Schlafzimmer gezeigt. Und dann wird ein Ochse auf offenem Feuer gegrillt. Sie nennen es Asado, zu dem viel kräftiger Rotwein fließt. Du zweifelst dann nicht mehr, daß Argentinien den höchsten Fleischverbrauch pro Kopf der Welt hat. Ein Kilo Rindfleisch ist hier billiger als ein Salatkopf.
Was draußen in der Welt geschieht, wird gleichgültig. Auf einer Estancia scheint die Welt immer in Ordnung zu sein. Nach einem Asado finden sich ein oder zwei Gauchos, die den Chamamé auf der Gitarre schlagen und spöttische und schmachtende Lieder singen. Wer diese Lieder nachts in der Pampa gehört hat, wird sein Leben lang davon träumen.
Daß das Militär das Land streng regiert, daß vielleicht Menschen gefoltert werden, hat hier keine große Bedeutung. Für die Leute auf der Estancia ist ein Bürgerkrieg zu Ende gegangen. Für sie ist jetzt allein wichtig, daß nicht mehr geschossen wird. Und – die vorigen Herren sollen schlechter gewesen sein, versichern uns alle, die auf dem Lande wohnen, wenn sie uns noch nicht kennen.

Einen der jetzigen Herren haben wir in der Nähe der Iguazú-Wasserfälle kennengelernt: den Kommandanten. Er ist groß, breit, blond, mit blauen Augen, mit den Gebärden eines texanischen Draufgängers, aber auch mit dem Charme des Lateiners. „Mi casa es su casa." Doch als wir in der Kaserne stehen, umringt von mißtrauischen Soldaten, rutscht uns das Herz in die Hose. Darf man in die Höhle des Löwen gehen?
Der Löwe kommt, und sein erkennendes Lächeln verwandelt die Wächter in artige Diener. Er führt uns in eine Welt von drohen-

den Kanonenrohren, schlanken Flugleibern und dröhnenden Motoren, in die Welt der Piloten, offene, lachende, sympathische Gesichter, gepflegte Rasen, Swimmingpool, weiße Tischtücher auf altspanischen Möbeln, Kronleuchter, Kristallgläser und vornehme Damen.
Der Kommandant kann natürlich keinen Ochsen auf dem Rollfeld braten. Wir diskutieren bei Fisch aus dem Paraná und Weißwein vorsichtig über Argentinien. Er sieht sich als Verteidiger der europäischen Kultur, und es grämt ihn, daß Argentinien so wenig Verständnis bei den Europäern findet.
„Wo waren die Menschenrechtler, als kommunistische Terroristen mit russischen Kanonen auf Tucumán schossen?"
Vielleicht waren sie bei den Hochschulprofessoren und Fließbandarbeitern, bei den Intellektuellen und Hemdlosen, die keine Terroristen waren, die aber auch verschwunden sind, „im Bürgerkrieg gefallen".
Aber das wagen wir dem Kommandanten nicht zu sagen. Wir sind seine Gäste, und es ist nicht klug, solche Dinge in Argentinien zu sagen, auch wenn man nicht Gast eines Offiziers ist. Auch nicht, daß die Peones vor der Kaserne immer noch barfuß sind und ein Lehrer nur einen Bruchteil von dem verdient, was ein Offizier bekommt, daß Bauern ihre Felder verkaufen müssen, weil sie die Steuern nicht bezahlen können, Steuern, die nicht etwa der Verbesserung der Infrastruktur des Landes dienen, sondern für üppige Gehälter und Pensionen der Retter der Nation, der Militärs, verwendet werden. Als wir dann doch zu erzählen wagen, daß wir in dem reichen Argentinien Menschen getroffen hätten, die nichts anderes im Bauch gehabt hätten als Wasser, damit sie den Hunger nicht spürten, stoßen wir auf ungläubiges Erstaunen. Jemand, der sein Geschirr von Dienstmädchen abwaschen läßt, während er in „Palcolor" die Werbung für das neueste Automodell verfolgt, kann an Hunger nicht glauben. „Das können nur arbeitsscheue Elemente gewesen sein." Und es ist beinahe schon verdächtig, wenn wir mit solchen Kontakt haben.
Der Kommandant und seine Männer sind sicher disziplinierte

Soldaten, die ihre Luftbasis tadellos in Ordnung halten. Daß argentinische Soldaten aber auch gute Politiker sind, haben sie noch nicht bewiesen.

Ein paar Tage später rollen wir schnurgerade über die Pampa westwärts. Die Weiden werden trockener und Schnaken selten. Es geht über eine Brücke, die „Preußenbrücke" heißt. Uns wundert dieser Name, denn man hat uns erzählt, daß in dieser Gegend hauptsächlich Kolonisten aus Italien leben, neben einer Minderheit von Schweizern.
Und die Stadt Rafaela könnte gerade so etwas nördlich von Genua liegen. Saubere, getünchte Häuserzeilen, Alleen mit Palmen und Oleander und Straßencafés. Die Geschäftigkeit ist nicht gar zu hektisch, denn das Riesenland hat auch seine Einwanderer aus Italien geprägt. Man gibt sich lässiger, man gibt sich amerikanisch.
Doch die Einwohner von Rafaela arbeiten fleißig. Sie verwerten landwirtschaftliche Produkte der umliegenden Estancias, bauen Traktoren und stellen Schießpulver her. Eine krisensichere Mischung von Gewerbe, die die Stadt mit 60.000 Einwohnern zu einer der reichsten Argentiniens machte. Hier gibt es genügend Schulen und Krankenhäuser, sogar ein Theater und ein berühmtes Autorennen. Die Slums wurden unlängst abgerissen. Die Armen konnten sich mit Hilfe der Stadt richtige Häuser bauen.
Die größte Straße dieser italo-argentinischen Stadt heißt aber Lehmann-Boulevard. Im Schnitt aller Straßen steht er überlebensgroß: Wilhelm Lehmann, der Gründer.
Bis vor kurzem hielt man ihn für einen Einwanderer aus der Schweiz, weswegen die hier siedelnden Schweizer alljährlich das Schweizer Fest mit zünftiger Alpenmusik und Trachtentänzen feiern. Den Italienern ist dies recht. Sie lieben ja Feste, besonders wenn gejodelt wird und der Gründer ein sympathischer Mensch gewesen sein muß. Er hat viele Städte gegründet, die alle Mädchennamen tragen: Rafaela, Angelica, Susana... Die Namen seiner Freundinnen.
Doch dann ist etwas Furchtbares für die Schweizer Kolonisten

Perumís Sohn wird der beste Gitarrenspieler unter den Indianern.

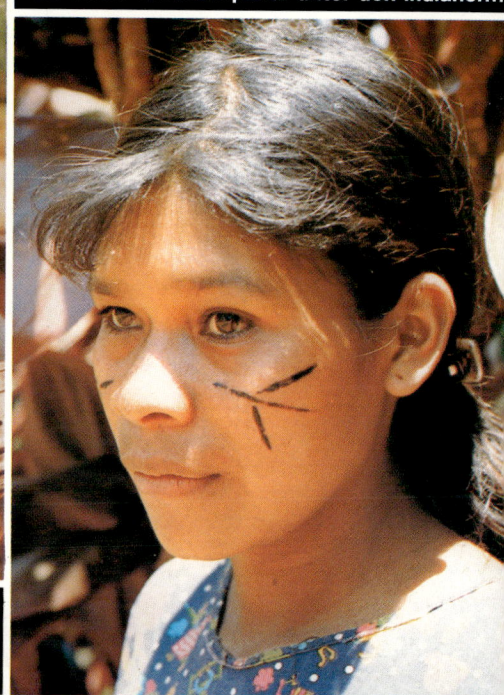

Die magischen Zeichen machen sie nicht nur schöner, sie werden auch das Schicksal dieser Guaraní günstig beeinflussen.

Urwald am Iguazú

Die Iguazú-Wasserfälle

Straßenverkäuferinnen in Rio.

Saft aus der Zuckerrohrpresse ist ein beliebtes Getränk in Brasilien.

In der argentinischen Schweiz bei Bariloche

Gaucho

Das harte Leben in der Pampa zeichnet den Gaucho.

Der Pazifik bei Mehuin in Südchile.
Hier wird es kalt,
wenn der Südwind weht.

Chilenischer Fischer

geschehen, was beinahe einen Weidekrieg ausgelöst hätte. Die Schriftstellerin Tarragni hatte in Rafaela herausgefunden und bewiesen, daß der lebenslustige Städtegründer nicht Schweizer, sondern Deutscher war, ein Schwabe aus Sigmaringendorf.
„Die Wahrheit muß ans Licht", rief der Ingenieur Mettenleiter, der einzige Deutsche in Rafaela. Er sorgte von seiner Estancia „Aalen" aus dafür, daß die neue Erkenntnis der Wissenschaft publik wurde und regte eine Städtepartnerschaft zwischen Sigmaringendorf und Rafaela an.
Die Bürger von Sigmaringendorf ließen sich von dieser Idee begeistern. Aber der Bürgermeister von Rafaela wußte nicht so recht, was er tun sollte. Solche außenpolitischen Dinge regelt doch das Militär, und er war nicht sicher, wie weit er sich vorwagen durfte. Auf die Einladung aus Deutschland schickte er erst einmal einen Stellvertreter, der mit großem Gefolge als Tourist zunächst durch Südeuropa reiste.
Nachdem die Delegation Schlösser, Museen und Mittelmeerstrände besichtigt hatte, erreichte sie müde und abgestumpft die deutsche Gemeinde, die man nun eben auch noch abhaken wollte.
Aber Sigmaringendorf empfing sie mit Fahnen. Alle Häuser und Straßen waren blauweiß mit Blumen geschmückt, den Nationalfarben Argentiniens. Die Dorfkapelle spielte die Nationalhymne beider Länder, und dann begann das Fest zu Ehren der argentinischen Stadt, mit Kirchenchor, dem Schwäbischen Albverein, den Sportvereinen und der Dorfkapelle. Den Argentiniern liefen Tränen der Rührung über die Wangen. So etwas hatten sie nicht erwartet. Sie konnten nicht glauben, daß alle, die da sangen, tanzten und spielten, nur Einwohner aus Sigmaringendorf sein sollten.

Was die Schwaben boten, wurde ein solcher Erfolg, daß sich die Regierungen beider Länder einschalteten und sich in Sigmaringendorf bedankten.
Nun wird die Delegation der Deutschen in Rafaela erwartet. Die Argentinier wollen sich anstrengen. Aber solche Vielfalt an

Folklore, die sie in Deutschland kennengelernt haben, gibt es in der Pampa nicht.
Die Schweizer feiern trotzdem ihr Fest. Die Italiener sind auch dafür. „Wir sind ja alle Argentinier", sagen sie, und die Schweizer spielen eine Stunde lang echten argentinischen Tango, bevor sie deftig die Trompeten und die Klarinetten blasen.
Der Tango allerdings ist Vorschrift. Ein Gesetz verlangt, daß auf jeder Musikveranstaltung eine Stunde lang Folklore aus dem La-Plata-Raum aufgeführt wird. Im Rundfunk ist die Regelung noch strenger. Hier muß die Hälfte aller Musikstücke aus dieser Kulturregion stammen.
Es dauert nicht lange, da werden Inge und ich auf diesem Fest als Fremde entdeckt. Welche Freude, Touristen aus Deutschland, woher denn genauer, vom Bodensee? Aber...
„Das liegt doch irgendwo in oder bei der Schweiz!"
Man schiebt uns, wir können nichts dagegen tun, auf die Bühne. Schwarzwald und Bodensee liegen irgendwo in oder bei der Schweiz, das ist von Argentinien aus nicht so genau zu bestimmen, wo doch allein die Pampa dreimal so groß ist wie die Bundesrepublik und die Schweiz zusammen. Und sie präsentieren uns dem Volk als „echte Schweizer", überreichen uns Orden, schenken uns Fähnchen und jodeln heiße Lieder aus den Bergen. Wenn wir ein Wort wagten, wenn einer ein „Grüezi" verlangte, wäre alles aus, und wir hätten über tausend Feinde in der Pampa.
Dem Lehmann muß es ähnlich ergangen sein, vor hundert Jahren. Sie werden ihn wohl auch unter Jodeln auf die Bühne gebracht haben, und er hat, wie wir, nicht widersprochen. Das sind nämlich alles ziemlich kräftige Burschen, diese Ex-Eidgenossen.

Männer am patagonischen Feuer

Aus Südwest bläst ein steifer Wind. Er würde den Wagen von der Straße treiben, wenn man sich nicht mit festem und sägendem Lenken dagegen wehrte. So drückt er das Auto nur in die Federn, daß es vorwärtswippt wie ein Segelschiff im Wind. Staub wird unter den Reifen weggerissen. Eine pudrige Fahne zieht sich weit ins Meer aus igelartigen Grasbüscheln. Die Straße hebt und senkt sich mit flachen Hügeln, weist den Weg voraus, verliert sich aber in der Unendlichkeit Patagoniens.
Sträucher mit gelben Blüten wachsen manchmal über das Gras hinaus, auch einige zerzauste Bäume, deren magere Stämme in die Richtung dieses Windes gezwungen werden.
Stunden fahren wir, Stunden, ohne einem Fahrzeug zu begegnen. Dafür ab und zu einer Gruppe von Nandus, Straußenvögel, die neugierig die herannahende Staubwolke betrachten. Sie laufen erst weg, wenn wir anhalten. Wenn man auf Schafe trifft oder auf halbwilde Pferde, muß ein Haus in der Nähe sein.
Die Straße fällt auf einmal ab und windet sich in einen Canyon. Wir reiben uns die Augen. Säulen und Tafelberge ragen rot in den Himmel. Der Chubut schwingt sich mit hellen Kieselstränden von Felswand zu Felswand, gesäumt von Pappeln und Weiden, in denen die Sonne spielt. Das Tal schützt uns vor dem Wind. Es duftet nach feuchtem Grün. Die wenigen Häuser da unten lassen die Welt noch einsamer erscheinen.
Wir finden sogar eine Tankstelle. Benzin kauft man hier nicht, wenn man es braucht, sondern wenn man es bekommt. Die nächste Tankstelle in vierhundert Kilometern hat vielleicht geschlossen. Ob es auch Trinkwasser gäbe?
„Besseres als in Buenos Aires", sagt eine Alte.
Ach ja, Buenos Aires... Wir bleiben irgendwo an einem Salzsee am Fuß der Sierra Lanquiñeo, allein inmitten grenzenloser Weite. Die Nacht senkt sich schweigend über uns, daß wir nur noch zu flüstern wagen.
Und Buenos Aires? Jenes Ballungsgebiet, in dem jeder zweite

Argentinier wohnt, die größte spanischsprechende Stadt der Welt, dieses Paris des Südens — der Mai-Platz, mit rosarotem Regierungspalast, die Mai-Avenue und der Platz der beiden Kongresse, die Avenue des 9. Juli, der breiteste Boulevard der Erde, der Obelisk, vierzig Meter hoch, auf dem Platz der Republik, elegante Einkaufsstraßen mit Modeboutiquen und Kunstgalerien, Theater, Museen, Kinos, Restaurants — und zwölf Millionen Menschen!
Wenn Banken und Büros schließen, geht der Trubel pausenlos ins Nachtleben über. Die Avenida Corrientes kann sich rühmen, nachts um drei so belebt zu sein wie nachmittags um drei.
Sie machen mit, die Porteños — so nennt man die Einwohner dieser Metropole. Was am Tag verdient wird, muß in der Nacht ausgegeben werden. Denn morgen ist alles teurer. So heizen sie die Inflation. Ein Apfel kostet 1 Mark 50, ein Glas Bier in einem einfachen Restaurant 7 Mark und ein Kleinwagen, ein 2CV, 33.000 Mark. Die Pesos fließen zehntausenderweise unbekümmert dahin.
Wir lauschen in die patagonische Nacht. Buenos Aires scheint ein Traum zu sein, an den man sich am nächsten Morgen nicht mehr so richtig erinnern kann. Tausend Dinge haben wir dort getan, wie in Trance, und als wir zu uns kamen, rollten wir über die Pampa. Bahia Blanca, Carmen de Patagones, San Antonio Oeste, die Ebene wurde baumlos und steppenartig. In den Tälern des Rio Colorado und des Rio Negro fanden wir blühende Mittelmeervegetation mit ausgedehnten Obstplantagen.
Seit wir bei den Seelöwen geschlafen haben, auf der Halbinsel Valdez im Atlantik, umgibt uns eine Einsamkeit, in der man sich nicht verlassen fühlt. Es ist, als wollte dieses riesige, menschenleere Land unsere Sinne aufwecken und sich jungfräulich uns schenken. Hunderttausende könnten hier leben. Das Klima ist milder als das der Schwäbischen Alb, und der Chubut führt genügend Wasser. Raum ist hier, daß man atmen kann, Raum für eine Art von Selbstverwirklichung, wie sie in Europa nicht mehr möglich ist.
Wir kriechen mit unserem Auto durch diese Weite. Die Hügel

werden zu Bergen. Wir überqueren kleine Pässe, bis am anderen Ende eines Tales Schnee aufleuchtet: die Kette der Kordillieren. Als wir sie erreichen, befinden wir uns im Andenurwald neben einem munter sprudelnden Gebirgsbach.
Hier finden wir romantisch gelegene Bauernhöfe, die die Argentinier in dieser Gegend Chacras nennen. Ein richtiges Städtchen aber, mit Postamt, Kirche und Wirtshaus, erreichen wir erst nach einer Fahrt von fast 800 Kilometern.

Verschwitzt und staubig sitzen wir in El Bolson in dem engen Büro der Marmeladenfabrik. Mr. Fends graue Augen prüfen uns lange, bevor seine Körperhaltung eine kühle, britische Freundlichkeit ausstrahlt. Seine Familie ist vor vier Generationen aus England in Argentinien eingewandert.
Wir haben seinen Sohn und seine Tochter in Peru kennengelernt, die wie wir mit einem Auto durch Amerika unterwegs sind, und packen jetzt deren Weihnachtsgeschenke aus. Weihnachten ist zwar schon einige Monate her, doch Mr. Fend ist auf einmal so gerührt, daß er beim Sprechen vom Spanisch ins Englisch fällt, seine Bewegungen aber sein argentinisches Herz ausströmen.
„Mein Haus gehört euch!"
Wir haben auch noch ein paar Fotos von seinen Kindern dabei. Zuerst gucken wir seinen Marmeladeköchinnen über die Schulter und probieren bei Señora Lucia — sie ist die Seele des Betriebes —, welche Leckereien man aus Erdbeeren, Blaubeeren und Hagebutten zubereiten kann. Damit wir nicht zweifeln, welches die beste Marmelade der Welt sei, probieren wir auch die deutsche, von der Señora Lucia einige Gläser als Beispiel hat, und können ihr versichern, daß sie das bessere Rezept habe. Nur, die deutsche Marmelade ist trotz unserer hohen Löhne, trotz Entfernung und trotz Einfuhrzoll — billiger.
Mr. Fend führt seine Marmeladenfabrik eigentlich nicht, weil er damit Geld verdienen will. Bis vor einiger Zeit ist er Finanzchef einer großen Firma in Buenos Aires gewesen. Der Streß und die Lebensart der Stadt haben ihm aber dermaßen zugesetzt, daß er

Job, Prestige und Geld aufgab und sich in die Berge zurückzog. Er wünschte sich ein natürliches Leben in der Natur, wurde Bauer und pflanzte Erdbeeren.
„Sie wachsen von selbst", wundert er sich.
Und gleich in solchen Mengen, daß er nicht wußte, wohin damit. Die Marmeladenfabrik ist der logische Ausweg gewesen. Wenn so etwas einmal steht, entwickelt es eine eigene Dynamik. Es bleibt dann nicht bei Erdbeeren und Marmelade. Mr. Fend ist also wieder Kaufmann.
Sein Haus steht am Hang der Piltriquitronkette. Ein halsbrecherischer Weg führt hinauf. Mr. Fend braust unbekümmert mit seinem Truck voraus. Wir atmen auf, als wir endlich auf der Plattform seiner Wohnung die Handbremse festziehen können. Von der anderen Seite des Tales grüßen die Schneegipfel der Nevadoberge herüber.
Auch Mrs. Fend ist englischer Abstammung in vierter Generation. Sie sitzt in aufrechter Haltung, das blonde Haar im strengen Knoten versteckt, vor dem Fenster, eine Lady in einem Schloß, und bittet die unerwarteten Globetrotter aus Deutschland mit vornehmer Gelassenheit ins Haus. Zwei Platinblondschöpfe spielen Butler, Pat, das Mädchen und John, der Junge, zwei andere Kinder der Fends. Und wir machen zwischen altenglischen Möbeln beim Tee Konversation in Englisch, in einer Landschaft, wie sie vor einigen hundert Jahren in Österreich und in der Schweiz ausgesehen haben mag.

Nicht weit weg von den Fends wohnt der Ire Laurel. Er lädt zu einem Asado ein und sagt, Fend solle seine beiden neuen Kinder mitbringen. Mr. Laurel züchtet Schafe. Deswegen bruzzelt bei ihm ein Hammel über der Glut.
Beim Essen sitzen Frauen und Mädchen um einen Tisch, während die Männer am Rande des Feuers oder im Dunkel des Waldes kauern. Das Weinglas haben sie in eine Wurzel geklemmt. Der Asador, der das Feuer und den Grillvorgang überwacht, schneidet zarte Fleischstücke ab und serviert sie den Frauen auf Tellern. Während sie auf europäische Art mit Messer und Gabel

speisen, graben die Männer ihre Zähne direkt in das Fleisch, ohne Teller und ohne Gabel. Sie helfen höchstens mit dem Dolch nach. Das sei patagonische Art, erklärt uns Mr. Fend.
Als nur noch die Knochen übrig sind, um die sich die Hunde balgen, kauern alle im weiten Kreis um das Feuer. Weinflaschen machen die Runde. Mr. Laurel wendet sich an uns und sagt: „Also. Erzählt!"
Die anderen schauen uns erwartungsvoll an. Wir wundern uns und blicken fragend zu Mr. Fend hinüber. Dieser beginnt zu lachen.
„Wir haben hier zwar seit einiger Zeit ein Telefonhäuschen, aber kein Telefon", erzählt er. „Eines Tages werden wir auch einmal ein Radio haben. Aber jetzt müßt ihr berichten, was so in der Welt passiert."
„Am liebsten sind uns lustige Geschichten", fügt Mr. Laurel hinzu.
Also erzählen wir lustige Geschichten. Das fördert schließlich so die Heiterkeit, daß die Weinflaschen schneller kreisen und die Gäste zu singen anfangen. Nicht etwa argentinische Pampalieder oder irische Folksongs, sondern ganz vertraute Weisen: „Hoch auf dem gelben Wagen" und „Trink, trink, Brüderlein trink..."
Und alle reden nur noch in Deutsch.
Die anderen Gäste, das stellt sich jetzt damit heraus, sind alles Deutschstämmige. Rolf aus Ostpreußen mit Frau Eva aus Berlin. Bert und Resi sind aus Brasilien. Ihre Oma kann sowieso nur Deutsch, und als die Kinder sich von Portugiesisch auf Spanisch umstellen sollten, ist man beim Deutsch geblieben. Und das auch schon seit vier, fünf Generationen. Uli – sie nennen ihn auch den „Wikinger", weil er so blond und athletisch ist, wie man sich die alten Seefahrer vorstellt – ist aus Darmstadt und war hier mal auf der Durchreise. Da ist ihm die schöne Juliette, deren Eltern aus Lyon eingewandert sind, über den Weg gelaufen, und Uli ist hängengeblieben. Siegfriedo – er nennt sich wirklich so – und seine Familie stammen aus Chile. Er wendet sich an mich: „Was heißt, ‚da bin ich überfragt'?" Ihr Wortschatz weicht manchmal von unserem ab, ihre Vergleiche

wirken oft altertümlich, und wenn sie Worte hören wie Ausbildungsförderungsgesetz oder Maßnahmenkatalog, machen sie verständnislose Gesichter, eine Diskussion unserer gewählten Volksvertreter müßte ihnen chinesisch vorkommen, aber unsere lustigen Geschichten verstehen sie alle.

Einige Tage später führt uns die Straße in Richtung San Carlos de Bariloche, vorbei an einsamen Seen mit blauem oder grünem Wasser, klar, still, spiegelnd, zum Baden für Feen geschaffen, in unberührtem Wald. Bariloche ist von deutschchilenischen Kolonisten gegründet worden und ist heute der kulturelle Mittelpunkt der argentinischen Schweiz. Es ist eine Ferienstadt in deutsch-schweizerischem Baustil. Man lasse sich aber weder vom Sessellift noch von den Alpenhäusern täuschen, auch nicht von Dirndlkleidern und Bierschaum in der Kneipe „Alt München". Wenn man von der Hauptstraße abweicht, befindet man sich im südamerikanischen Bergurwald, in der Wildnis.
Bevor wir die Asphaltstraße erreichen, werden wir gestoppt. Uniformen, Stahlhelme, wir haben es in der Einsamkeit Patagoniens ganz vergessen, Straßenkontrolle durch das Militär. Wenn sie uns ärgern, sollen wir sagen, „wie schön ist Arschentina", haben uns Deutschargentinier geraten. Man kann die Schikane nicht immer widerspruchslos hinnehmen. Und in Spanisch würden die Soldaten den Sinn nicht verstehen.
Aber der Posten lächelt durch das Autofenster: „Sie werden in der Chacra von Michael erwartet. Der Hof ist nicht einfach zu finden. Ich habe Ihnen deshalb den Weg aufgezeichnet. Hier, sehen Sie..."
Und wir antworten mit korrekter Aussprache: „Que lindo pais es Argentina!"

Wo es kalt wird, wenn der Südwind weht

Wir tauchen in kühle und feuchte Luft. Regenschauer gehen nieder. Die Schotterstraße führt kurvig und glitschig durch den Urwald. Riesenfarne hängen in den Weg, Myrthenbäume und Araukarien mit spitzen Nadeln. Zu beiden Seiten begleiten uns mannshohe Fuchsienstauden wie Mauern aus Millionen roter Blüten.
Die Brücke weiter unten ist aus Holz. Señor Hoffmann hat gesagt, das Holz, das hier wachse, sei besser als Beton. Er schlägt es oben am Konstanzer See, an der Grenze zu Argentinien, und verkauft es in alle Welt.
Die Chilenen im Süden bauen ihre Häuser damit. Sie decken auch ihre Dächer mit Holzschindeln, obwohl sie aus Wellblech einfacher anzufertigen wären. Ein Dach aus Holz sei gesünder, meinen sie, und sie sind davon überzeugt, daß es sie besser vor diesem ewigen, kalten Südregen schützt als Wellblech.
Ob die Stämme wirklich so gut sind? Unter der Brücke schäumt der Golgol und etwas weiter stromauf der Wasserfall-der-zwei-Verliebten. Wir fahren behutsam über die Bohlen. Das Holz mag ja hart sein. Aber sitzen auch alle Nägel richtig?
Wir sind naß, denn wir fahren ohne Windschutzscheibe. Als erfahrene Globetrotter haben wir der Straße sofort angesehen, daß sie kaum befahren ist, und auf ein Schutzgitter vor der Scheibe verzichtet. Ein Auto und ein Stein genügten. Das ist am Spiegelsee passiert, noch auf der argentinischen Seite.
Ab den Thermalquellen von Puyehue ist die Straße asphaltiert. Der Regen läßt nach. Dafür schlagen uns gelegentlich Honigbienen wie Geschosse ins Gesicht. Der Wald ist zurückgeblieben. Wir atmen die Frische grüner Wiesen. Trauerweiden hängen ihre Zweige in den Puyehue-See. Dahinter sind Brombeeren, ganze Felder voll. Ihr süßer, schwarzer Saft färbt die Zähne und die Lippen, rinnt über das Kinn und klebt an den Händen.
Als wir in Osorno vom Geldwechseln zurückkommen, stehen Leute am Auto, die uns wegen der Scheibe helfen wollen. Wir

gelangen zu Alfonsos Werkstatt. Er hat eine Windschutzscheibe. Aber sie ist sehr teuer. Wir machen verzweifelte Gesichter, denn wir müssen auch eine neue Batterie kaufen. Alfonso fühlt mit uns.
„Ich würde sie euch schenken", sagt er. „Aber sie kostet so viel, bis sie von Brasilien hier ist. Und es kommen auch nicht alle heile an."
Er berechnet nur das Glas, nicht den Arbeitslohn. Wegen der Batterie wendet sich Willi an uns, der das Gespräch verfolgt hat. Er könne unsere alte wieder herrichten oder uns eine gebrauchte geben. Wir sollen in seine Werkstatt kommen. Er füllt dann unsere Batterie mit frischer Säure auf. Sie funktioniert wieder einwandfrei. Geld aber will Willi nicht. Der Tourist ist in Chile nicht Kunde, er ist Gast.

Es regnet dann wieder tagelang. Der Llanquihue-See und der Golf von Ancud sind eintönig grau. In Angelmo, dem Hafenviertel von Puerto Montt, stehen Frauen und Männer unter den Vordächern der Fischkneipen vor offenen Feuern und grillen riesige Fische. Es wird so kalt, daß die Menschen dicke Pullover und Pudelmützen anziehen und sich in feste Jacken hüllen und trotzdem näher an das Feuer rücken müssen.
Huberto hockt drinnen, in einer der Hütten, am groben Tisch und schlürft abwechselnd Austern, Weißwein und Rotwein. Seine Bartstoppeln sind einige Tage alt und gekämmt hat er sich bestimmt erst letzte Woche. Wasser wird er wohl genügend abbekommen haben, vom Himmel und vom Meer. Wenn er lacht, zeigt er kräftige Zähne. Es wirkt immer etwas drohend. Versuch ihm nicht zu erklären, daß man den Rotwein nicht mit den Austern... Zum Glück hat er lustige, blaue Augen, die einen wieder beruhigen. Man braucht dann nicht zu erschrecken, wenn er eine neue Flasche Wein bestellt, in einem Ton, den er für normal hält.
Seit ich Huberto kenne, glaube ich nicht mehr, daß die Argentinier die Inseln im Beagle Kanal erobern werden. Huberto hat festgestellt, daß sie chilenisch sind — und chilenisch bleiben.

Und wenn Huberto mit seiner normannischen Gestalt aufsteht, glaubens auch die Argentinier.
Er hat wieder eine Ladung Holz von Süden heraufgeschafft. Huberto ist selbständiger Fuhrunternehmer. Sein Kapital sind ein altes Motorschiff, Mut und die Fähigkeit, nicht zu frieren. Er hat ausreichend Arbeit.
„Da gibt es Wald, so viel, daß man ihn gar nicht abholzen kann", erzählt er.
„Was meinst du, was mit dem Wald geschieht, wenn die deutsche Möbelindustrie ihn entdeckt?"
Er guckt erstaunt. „Was?"
Er denkt, daß er dann ein neues Schiff kaufen und reich werden würde. Der Regen hält inne. Die Sonne bricht einen Augenblick durch, und wir sehen im Südosten Gletscher über dem Golf aufleuchten. Einen Augenblick nur, dann regnet es wieder. In der Markthalle spielen ein Akkordeonist und ein Gitarrist chilenische Cuecamusik.
Kutter legen an. Männer laden kistenweise Fisch aus. Daneben wird eine Batterie von Weinflaschen von einem Lastkahn übernommen. Wenn man hinübergeht, knirscht es unter den Stiefeln wie Kies. Sie haben den Parkplatz für die Autos einfach mit Muschelschalen aufgefüllt, die von Fahrzeugen und Menschen mit der Zeit zu gemusterten, weißen Kalkplättchen zerdrückt werden.
Die Straßen mit den Holzhäusern sehen bei diesem Wetter trist aus, auch wenn manche Wohnungen gelb und rot angemalt sind. Die Schornsteine tragen Schutzhauben, damit der steife Südwind die Herdfeuer nicht ausblasen kann. Nicht alle Straßen sind asphaltiert. Oft müssen die Leute durch Regenbäche und Schlamm waten. Aber die Kinder bauen da Dämme und spielen „Hafen".
Vor hundertfünfzig Jahren ist alles noch Urwald gewesen. Deutsche Siedler haben ihn gerodet und Weiden für Milchkühe daraus gemacht. Sie haben auch den Hafen für die Fischkutter und die Einwandererschiffe angelegt. Sie wehren sich, wenn man sagt, es sei vorher Indianerland gewesen.

Zwanzig Autominuten nordwestlich von Puerto Montt liegt die Ortschaft Neu-Braunau. Diesen Namen hatte sie schon lange bevor ein gewisser Herr beschloß, Politiker zu werden.
Anton Felmer sammelt Möbelstücke und Kleider aus der Zeit der ersten deutschen Kolonisten. Sein Haus liegt einen halben Kilometer hinter der Milchfabrik. Er öffnet bereitwillig, wenn man klopft, und zeigt jedem gern, was er alles aufgetrieben hat. Und nicht einfach gesammelt, sondern geputzt, restauriert und repariert. Da blitzen Kristall-Leuchter, klingen Spieluhren, Polyphone erfüllen den Raum mit wohltönender Musik, das Geschirr steht zum nächsten Festbankett bereit, und den Rock und das Kleid könnte man sofort zum Ball anziehen.
Die gemütliche Gediegenheit, die das alles ausstrahlt, läßt uns verweilen und den Regentag verplaudern. Anton Felmer erzählt, was er von seinem Vater und von seinem Großvater und die von ihren Eltern wissen, wie das alles so gewesen ist, als die Segelschiffe mit deutschen Kolonisten in der Mündung des Calle-Calle-Flusses in Valdivia und im Golf von Ancud gelegen sind. Arme Leute sind es nicht gewesen, und ihre Bierkrüge hatten sie auch dabei.
„Doch manchmal haben sich Tragödien abgespielt", erzählt Emilio Held einige Tage später. „Wenn die ganze Familie nicht vollständig auf einem Schiff unterkam, teilte man die übrigen auf andere Schiffe auf. Wir sehen uns drüben in Amerika, dachten sie. Aber die einen segelten nach Chile und die anderen nach Kalifornien."
Emilio Held ist Landwirt. Man muß bei Parrenque von der Panamericana nach rechts abbiegen und auf einer Erdstraße acht Kilometer nach Osten fahren, Richtung Puerto Octay. Man kann den Hof leicht verfehlen, weil er versteckt hinter einem Wäldchen liegt. Aber am Llanquihue-See kann einem jeder beschreiben, wo Emilio Held wohnt.
Seine Frau hat sich ein Bild von Franz Josef Strauß ins Wohnzimmer gehängt.
„Ich möchte nicht, daß man in meiner Gegenwart auf ihn schimpft", sagt sie mit bayrischem Dialekt. „Und durch das Bild

weiß jeder gleich, daß ich ihn mag." Sie bringt Brot, Wurst, Käse und Butter, alles selbstgemacht.
Emilio Held sammelt alles, was über die deutsche Kolonisation in Chile geschrieben, gedruckt und gezeichnet worden ist. Sein Haus ist voll von Büchern, Briefen, Zeitungen, Passagelisten, Landkarten, Fotoalben, Gesetzestexten... Ein Bauer, ein Arzt, ein Botaniker — durch Briefe und Fotos werden Menschen lebendig, die eine unwegsame Wildnis zivilisieren wollen. „Gustav ist durch herabrollende Baumstämme erschlagen worden", schreibt einer nach Thüringen. „Der Chilene ist sehr gastfreundlich", erzählt ein anderer nach Kassel. „Die Deutsche Schule ist fertig", teilt eine Frau ihrer Schwester in einem sächsischen Dorf mit.
Mit den Jahren des Sammelns und Ordnens, Emilio Held ist fast achtzig, ist er zum Fachmann für südamerikanische Geschichte geworden, zu einem Wissenschaftler, und hat selbst Bücher herausgegeben. Die Bundesrepublik hat ihm für seine Arbeit das Bundesverdienstkreuz verliehen, und der Bundespräsident hat ihn empfangen.
Mit Emilio Held kann man nicht nur einen Regentag verplaudern. Wochenlang könnte man in seinem Haus in seinen Unterlagen schmökern, und man wird verwundert feststellen, wie groß der Beitrag der Deutschen an der Entdeckung und an der Erschließung dieses Kontinents war. Er beginnt bereits mit der Geburt des Begriffs Amerika, als Martin Waldseemüller diesen Namen auf eine von ihm gezeichnete Karte schrieb und damit für immer die Bezeichnung „Amerika" für diesen Kontinent festlegte. Magellan hatte Deutsche an Bord, als er über Südamerika hinaussegelte, um zu beweisen, daß die Erde rund ist. Die Fugger finanzierten Kolonisierungsprogramme und Forschungsreisen in Südamerika. Die Harfe wurde von Pater Sepp von Rainegg in die Folklore eingeführt. Humboldts Erkenntnisse in Geografie, Botanik und Geologie zählen noch heute. Und die vielen, die Wälder rodeten, Rinder züchteten, Fabriken bauten, am Fließband arbeiteten oder Bücher schrieben, die Flüsse entdeckten, Sprachen erforschten, Städte gründeten oder Schlachten für die

Unabhängigkeit schlugen, die Bier brauten, Schuhe reparierten, Wein kelterten oder Häuser bauten... Sie haben diesen Kontinent so geprägt, daß wir uns in Südamerika weniger fremd fühlen als in Italien oder Frankreich. In Chile leben vierzigtausend Deutschstämmige, in Argentinien eine halbe Million, in Brasilien gar eine Million. Da hörte man auch schon von Warnern, die hier die Gefahr eines Pangermanismus zu erkennen glaubten. Emilio Held hält das für Unsinn. Diese Kolonisten haben keine politischen Anmaßungen aus Europa mitgebracht. Und die gescheiterten Germanisierer, die schließlich kamen und sich hier den Militärs anbiederten, waren nicht gerade Vorbilder.
Zu Emilio Held kommen immer wieder Wissenschafter und Schriftsteller, die mit seinem Material arbeiten. Sie schreiben anschließend Bücher, mit denen sie berühmt werden. „Aber zitieren tut mich kaum einer", lächelt er traurig. Er schlägt Bücher auf. „Lies, was hier steht, und schau, woher es kommt. Und das da ist gelogen."

Warum sind sie damals ausgewandert? Weil sie ein anderes Land kennenlernen wollten, weil sie die Wildnis erobern wollten, wegen der Freiheit? Kann man in der Wildnis frei sein? Oder unter einer autoritären Militärregierung?
„Ich bin frei", sagt Emilio Held.
Willi hat fünf Jahre in Deutschland gearbeitet. Dann ist er nach Chile zurückgegangen. „Hier mach ich, was ich will!"
Huberto kann kein Deutsch mehr. Er sagt es in Spanisch: „Hier bin ich frei." Aber er kennt Deutschland nicht.
Carlos allerdings, der kennt Deutschland. Er ist vor acht Monaten nach Santiago ausgewandert und hat eine VW-Werkstatt aufgemacht. Das hätte er in Deutschland, wo er noch Karl hieß, nicht machen können. Dort braucht man Geld und Maschinen, und alles ist zu eng und schon vergeben. In Chile braucht er nur Fachkenntnisse und einen Werkzeugkasten.
„Wir waren Asoziale wegen unserer Kinder", sagt Valentina, seine Frau. „Wenn das Baby geschrien hat, haben sich die Nachbarn beschwert. Die Hunde durften auf die Wiese, die Kinder

nicht. Zwischen zwölf und drei war der Spielplatz geschlossen. Um halb vier hatte Klaus aber keine Lust mehr. Autos haben Platz in Deutschland, und sie dürfen immer!"
Trotzdem hat Valentina Heimweh. Die Werkstatt bringt mehr Arbeit und weniger Lohn als in Deutschland. Aber die Kinder dürfen rollschuhfahren, ballspielen, laut lachen, wann sie wollen. Valentina und Carlos haben ihre Freude daran. Und auch in Santiago sind nicht alle Straßen asphaltiert. Wenn es regnet, kann man da Dämme bauen. Die Kinder wollen nicht mehr zurück, und sie weigern sich neuerdings, deutsch zu sprechen.

Eines Abends hört der Regen auf. Die Luft wird seltsam seidig und der Llanquihue-See bekommt eine violette Farbe. Alles wird so klar, daß man jedes einzelne Blatt der Pappeln zu erkennen glaubt. Am dunkel werdenden Himmel erscheint matt silbern schimmernd ein geheimnisvoller, ebenmäßiger Kegel. Der Vulkan Osorno.

Anhang

Für unsere Reise wählten wir das Wohnmobil *Kranich I Star* der Firma Bischofberger Motorcaravan in Backnang. Das Grundfahrzeug bei diesem Modell ist der VW-Bus, den wir mit einer Zwei-Liter-Maschine, einem Sperrdifferential, verstärkten Stoßdämpfern und einer Nutzlasterhöhung von 200 Kilogramm ausrüsten ließen.
Mit diesem Fahrzeug legten wir in Amerika eine Strecke von 70.000 Kilometern zurück. Davon fuhren wir 8.500 Kilometer Schotterstraße. Danach kamen wir in Deutschland ohne Beanstandung durch den TÜV. Der durchschnittliche Benzinverbrauch lag bei 14 Litern pro 100 Kilometer.
Folgendes Material wurde dabei verbraucht:
5 Textilgürtelreifen, Dunlop
5 Stahlgürtelreifen, Michelin
2 Diagonalreifen 8-fach, Goodrich-Mexiko
  (sie waren nach 4000 Kilometern glatt!)
2 Schläuche, Michelin
6 Benzinfilter
5 Ölfilter
5 Papierluftfilter
16 Zündkerzen
1 Satz Bremsbeläge hinten links
2 Stoßdämpfer (durch Schlagloch gebrochen)
1 Antriebskugellager (durch unsachgemäßen Einbau)
1 Gummimanschette für Antriebswelle
1 Zündschloß
1 Kupplung, komplett
4 Zündkerzenstecker
1 Windschutzscheibe
2 Schalter für Wasserpumpe
dazu Dichtungen, Batteriesäure, Schrauben, Dichtungsmaterial für Karosserie, Türgriffe für Wohnbereich, Isolierband, Draht und Klebstoff.

Wir fanden

— die nettesten Verkäufer in Kanada

— die freundlichsten Polizisten in Kanada

— die rücksichtsvollsten Autofahrer in den Vereinigten Staaten

— die ritterlichsten Männer in den Vereinigten Staaten

— die herzergreifendsten Bettler in Mexiko

— die vornehmsten Indianer in Ekuador

— die gastfreundlichsten Menschen in Chile

— den besten Wein in Chile

— die hübschesten Mädchen pro Quadratmeter in Chile
 (genauer: in der Ahumada in Santiago, nachmittags um fünf)

— die flottesten Tänzer in Peru

— die schönste Musik in Paraguay

— das beste Fleisch in Argentinien

— die schönsten Strände südlich von Rio

— die unbekümmertsten Mädchen in Rio

— den schönsten Fleck Amerikas am Paraná in Argentinien

Diese Urteile sollen aber nicht deine Vorurteile werden. Prüfe alles selber nach. Wir geben dir hier einen einzigen Ratschlag für die Reise durch Amerika:

Rufe nicht die Krokodile, wenn du den Fluß überqueren willst.

(Indianerweisheit)